Seneca Otto Falkenskjold

Authentische und höchstmerkwürdige Aufklärungen

über die Geschichte der Grafen Struensee und Brandt

Seneca Otto Falkenskjold

Authentische und höchstmerkwürdige Aufklärungen
über die Geschichte der Grafen Struensee und Brandt

ISBN/EAN: 9783743652644

Hergestellt in Europa, USA, Kanada, Australien, Japan

Cover: Foto ©ninafisch / pixelio.de

Weitere Bücher finden Sie auf **www.hansebooks.com**

Authentische und höchstmerkwürdige

Aufklärungen

über die

Geschichte

der Grafen

Struensee und Brandt.

———

Aus dem Französischen Manuscripte

eines hohen Ungenannten

zum erstenmal übersetzt und gedruckt.

———

Germanien, 1788.

Die Rückkehr des Königs von seinen Reisen durch die vornehmsten europäischen Länder ist der Zeitpunkt, von welchem die Geschichte jener höchst merkwürdigen Revolution am bequemsten ausgehen kann. Alle die Personen, die in derselben eine entscheidende oder eine unglückliche Rolle spielten, trugen schon um diese Zeit in ihrem Character, in ihren Neigungen und selbst in ihren entferntesten politischen und freundschaftlichen Verbindungen den Keim ihres Antheils an den Ereignissen, die diese grosse Staatsbegebenheit bewürkten. Sie war nicht die Frucht einer von jenen jählingen und gewaltsamen Entschliessungen, die das Wohl eines Staats erfordert, in dessen Schoos frevelhafte Glieder Unheil und Verwirrung angesponnen haben; sie war nicht die Folge des Heldenentschlusses einer grossen Seele, die, durch das Unglück ihrer Mitbürger gerührt, sich aus dem allgemeinen Schlummer empor arbeitet, so kühn als glücklich die Ketten zerbricht, von welchen sich die Menge unrühmlich fesseln läßt, die Macht des Regenten zur Rettung des Vaterlandes auffordert, und es von einer gänzlichen Unterdrückung errettet. — — Nein, es war eine Mine, die der schleichende Neid und eine künstlich verborgene Herrschsucht zum Verderben der unbesorgten und arglosen Gutherzigkeit anlegten, und die in dem fürchterlichen Moment, wo sie aufflog, die prädestinirten Schlachtopfer ohne

ohne Rettung in ihren Schlund herunter riß. Dies ist Thatsache. Sie wirft wohl ein trauriges Licht auf die Annalen der dänischen Geschichte: aber gewissenhafte Treue ist die erste Pflicht des Geschichtschreibers.

Ein Abriß der berühmten dänischen Staatsrevolution vom Jahr 1772, wenn er Ursprung und Folgen derselben treffend und wahrhaft darstellen soll, kann von Niemand bearbeitet werden, der nicht selbst in Dännemark war, der den Charakter und die Eigenschaften der Hauptpersonen nicht selbst kennen lernte, und der seine Nachrichten nicht aus zuverläßigern Quellen zog, als die Erzählungen sind, die durch den Druck in Umlauf gebracht wurden. Sie waren, wie man erwarten muste, partheiisch und widersprechend: welcher unter ihnen solte man glauben, da man keinen Anlaß hatte, eine für zuverläßiger als die andere zu halten?

Der König kam zu Anfange des Jahres 1769 von seinen Reisen zurück. Seine Begleiter waren der Graf von Bernstorf, der Obristhofmarschall, Graf Friedrich von Moltke, der königliche Schatzmeister Schimmelmann, und der Hofmarschall und Oberaufseher der Garderobe, Graf von Holk gewesen. Struensee hatte sich als Leibarzt unter seinem Gefolge befunden. Ein zwangloser und täglicher Umgang mit dem jungen Fürsten wäre sehr geschickt gewesen, diesen Männern den Weg zu seinem Vertrauen zu bahnen; aber Vertrauen fordert Aehnlichkeit der Denk- und Sinnesart, und diese fand zwischen dem König und den drei erstern dieser Männer nicht statt. Holk und Struensee rückten ihm am nächsten, aber letztern hinderte sein Stand, sich dem Könige öfter zu nähern, sich länger mit ihm zu unterhalten, und seine Gunst schon damals auf eine entscheidende Art zu gewinnen. Den Einfluß,

fluß, den diese Reise auf das Schicksal dieser Männer hatte, könnte man ungefähr so bestimmen: Bernstorf blieb in dem Ansehn, das seinem Range und seinen Verdiensten gebührte; Moltke behielt seine Stelle bei Hofe; Schimmelmann behielt (neben seinem gesandtschaftlichen Posten beim niedersächsischen Kreise,) die zur Reise erhaltene Stelle eines Schatzmeisters, welche die Basis seines nachmaligen Einflusses auf die Finanzangelegenheiten des Reichs wurde; Holk blieb noch eine Zeit lang erster Günstling; Struensee stand schon in einigem Ansehn bei dem Könige, und hatte Hofnung zum Besitz seines Vertrauens. Auf ihn muß nun unsere vorzügliche Aufmerksamkeit sich lenken: denn die andern werden bald von der Bühne abtreten, worauf er jene grosse Rolle nahm: Bernstorf, Moltke und Holk durch ihren Sturz, und Schimmelmann durch den Entschluß, sich den Ränken des Hofs zu entziehen.

Anfangs schien es, als ob der König Nutzen aus seinen Reisen gezogen hätte; er zeigte mehr Anstand und Würde in seinem Betragen; mehr Ernst in seinen Gesprächen; man wolte wahrnehmen, daß er einige nützliche Kenntnisse erworben hätte; man schmeichelte sich mit der Hofnung, daß seine Grundsätze und Sitten sich vortheilhaft verändern würden, und daß er sich, statt verderblichen Zerstreuungen nachzuhängen, Beschäftigungen widmen würde, die einem Regenten anständiger wären. Vor seiner Abreise konnte man solche Wünsche nicht hegen. Während der Regierung seines Vaters hatte er sich um die Regierungsgeschäfte nie bekümmert; sein Hofmeister, Graf Reventlau, ein unbiegsamer stolzer Mann, hatte ihn in immerwährender strenger Zucht gehalten; sein feuriger Charakter litt sonach den beschwerlichsten Zwang. Dadurch entwickelte sich in ihm eine Abneigung gegen alles, was Ordnung hieß, und es war vorher zu sehen, daß in eben dem Augenblick, wo man ihm diese Ketten abnehmen würde, sein Gefühl der Freiheit in wilde und schrankenlose Ungebundenheit ausarten müsse. Der Erfolg bewährte diese Vermuthung. Verführer bemächtigten sich seiner; er gerieth und vertiefte sich in Ausschweifungen, in deren Taumel er den Anblick redlicher Männer floh und haßte, weil er ihre Vorstellungen für eben so viele Vorwürfe ansah und fürchtete. Man hatte nicht dafür gesorgt, ihm Achtung und Ehrfurcht gegen die Religion zu lehren: schon in den frühesten Jahren sprach er von derselben mit Unbesonnenheit und Hohn; auch beschuldigte man ihn einer störrischen Härte, die man aber mehr seiner fehlerhaften Erziehung, als seinem natürlichen Charakter zuschrieb. Die Grundsätze der Moral, der wahren Würde, der Achtung für das Verdienst, waren ihm gänzlich unbekannt. Zwar zeichnete er von Jugend auf

diejenigen unter den Hofleuten aus, die ein untadelhaftes Betragen hatten; aber er glaubte, daß alles nur Kunst und Verstellung sey. Ueberdieß hatte sein Character keine Festigkeit: er stand jedem guten oder bösen Eindrukke offen, und unter seinen gewöhnlichen Gesellschaftern war niemand, der ihn zum Guten beschäftiget hätte. Ohnehin war es bei seiner natürlichen Unbescheidenheit sehr gefährlich, ihm einen Rath zu geben, der auf einen Dritten Bezug hatte. Sonst besaß er viel natürlichen Verstand, viel Munterkeit und Witz: zu bedauern war es, daß man diese Gaben der Natur so sorglos hatte verwildern lassen. Die schmeichelhaften Erwartungen, die man gewöhnlich beim Anfang einer neuen Regierung nährt, wurden zwar in Betracht der öffentlichen Aufführung des Königs einigermaassen erfüllt, aber keineswegs in Betracht der Geschäfte, die ihm als König oblagen: mit flüchtigen Blicken sah er über die
wich-

wichtigsten Angelegenheiten des Staats hin, er empfand immer mehr Abneigung gegen jede Art von Geschäften, und versank nach und nach in eine unrühmliche Sorglosigkeit und Unthätigkeit. Die Folgen davon zeigten sich bald. Die kühne Hand, die das Staatsruder an sich zog, wurde durch ihn geleitet; er selbst gab seine Macht willig hin; er selbst brachte sich um Gunst und Ansehn bei seinem Volke; seine eigene Gemüths- und Sinnesart both dem Schicksaale, das verderblich über ihn schwebte, die Hand, seine Streiche zu vollführen.

Der Zustand, worinn der König seine Familie, seinen Hof, seine Minister und sein ganzes Volk, bei seiner Rückkehr fand, trug viel dazu bei, seiner unglücklichen Sinnesart noch mehr Festigkeit zu geben. Kaltsinn und würkliche Abneigung hatten unter der königlichen Familie tiefe Wurzel gefaßt. Kabale und

Zwietracht herrschten unter den verschiedenen Partheien, in welche die Hofschranzen zerfielen; Furcht und Mißtrauen stellte sich dem Patriotismus der Staatsmänner entgegen; und das Volk, das über die Unkosten, die des Königs Reisen verursacht hatten, mißvergnügt war, wurde noch überdies durch die Gährungen, die es am Hofe wahrnahm, unabläßig beunruhiget.

Was für eine Lage für einen jungen Fürsten, der Anfangs in den Fesseln einer sklavischen Erziehung, und nachmals, in dem berauschenden Taumel der Vergnügungen des edelsten Vorzugs der Menschheit, sich durch die Kraft seiner Seele über jede Verführung, über alles, über sich selbst, zu erheben — sich nie bewußt gewesen war! Woher nimmt er einen Rathgeber, einen Freund? Wie solte er nicht fallen, wenn es ihm an allem, was ihn aufrecht halten könnte, fehlt? — Ich muß dieses

ſes traurige Bild mit beſtimmtern Zügen
ausmahlen.

Während ſeiner Abweſenheit herrſchten
Zwietracht und Haß an ſeinem Hofe. Die
beiden verwittweten Königinnen, Sophia
Magdalena, Großmutter, und Juliana
Maria, Stiefmutter des Königs, waren der
regierenden Königin, Carolina Mathilda,
gänzlich abgeneigt. Der Widerwille der er=
ſtern hatte nichts als einen gewöhnlichen Kalt-
ſinn, der aus der Ungleichheit des Alters, des
Charakters und der Lebensart bei dem Zwan-
ge des Hoflebens unter fürſtlichen Perſonen
ſehr leicht entſtehen kann: ſo nach machten
die Perſon und die Umſtände dieſe Abneigung
für die junge Königin nicht gefährlich. Von
wichtigern Einfluſſe aber war für ſie der Widerwille der Königin Juliana, und die Folgen deſſelben wurden ihr mit der Zeit fürch-
terlich. Er nahm ſchon bei der Vermählung
des

des Königs seinen Ursprung. Die Königin Juliane hatte sich sowohl der Vermählung des Königs, als seiner Wahl, und der Zeit, die er zum Beilager bestimmt hatte, sehr entgegen gesetzt. Die Ankunft der Prinzeßin Mathilde vermehrte ihren Unmuth. Sie kam mit allen Reizen der Jugend und Schönheit geschmückt in Kopenhagen an: ihr ganzes Wesen athmete so viel Leutseeligkeit, Herablassung und Milde, und ihr seelvoller Blick so viel Liebe und Wohlwollen, daß das Volk von ihr hingerissen ward.

Die Königin Juliane sahe diesen ersten Wirkungen ihrer Erscheinung mit innerlichem Mismuthe zu. Sie wuste, daß der König schon in dem zartesten Alter den gehäßigsten Verdacht auf sie geworfen hatte; I. daß ihm ihre Liebe für ihren Sohn, den Prinzen Friedrich, äusserst misfiel; und daß er ihr die bedenklichsten Absichten wider seine Person zumumuthete, auch jede ihrer Handlungen aus diesem Gesichtspunkte beurtheilte. Sie besorgte, daß diese Empfindungen sich in dem Umgange einer liebenswürdigen Gemahlin verstärken, und sie um ihr übriges Ansehn bei Hofe bringen würden. Und diese Besorgniß ward bald Würklichkeit. Das Schloß Friedensburg wurde ihr und ihrem Sohne zur Wohnung angewiesen. Diese Entfernung vom Hofe zeigte bald ihre verdrüßliche Folgen. Ihre Anhänger und Verehrer erkalteten; sie fiel in eine Art von Vergessenheit, und der Glanz der jungen Königin warf einen traurigen Schatten auf ihre jetzige Lage. Die junge Königin ward der Gegenstand ihres Neides und ihrer Erbitterung. Die ehrerbietigste Aufmerksamkeit konnte die Königin Juliane nicht besänftigen! sie erwies ihr nur die frostige Achtung, die der Wohlstand verlangte, und ließ keine Gelegenheit vorbei, ihr mit einer beleidigenden Superiorität zu begegnen. Eine

Eine Zeit lang tröstete sich die junge Königin über dieses Betragen, durch die Zärtlichkeit ihres Gemahls, durch die Bewunderung des ganzen Hofes, und durch die Kette von Vergnügungen, woran ihre Jugend sie einen lebhaften Antheil nehmen ließ, aber alle diese Umstände konnten nicht von Dauer seyn. Nichts erkaltet so leicht, als die Liebe eines Wollüstlings: und der König empfand keine andere für sie; die Bewunderung der Höflinge hatte das Schicksaal aller ihrer Empfindungen: sie war bald dahin; und die Lustbarkeiten verloren ihren Werth durch ihre öftere Wiederholung. So ward die junge Königin sehr bald gleichgültig gegen ihren Gemahl, erbittert wider seine Stiefmutter, und mißtrauisch gegen die Höflinge. Ihre natürliche Lebhaftigkeit verhinderte sie, diese Gesinnungen zu verbergen. Der König war mit den berauschenden Zerstreuungen, wozu niederträchtige Lieblinge ihn hinrissen, zu sehr beschäftigt, um es zu bemerken. Die Königin Juliana empfand

pfand es aber desto lebhafter; ihre Abneigung gegen die junge Königin verwandelte sich bald in Feindschaft, und sie gab sich nicht mehr die Mühe, ihre Verachtung gegen ihre Jugend und gegen ihren Mangel an Erfahrung zu verbergen. Diese Gesinnungen wurden kurz vor der Abreise des Königs, durch die Geburt des Kronprinzen, auf die höchste Stufe gebracht. Diese vereitelte alle die Absichten, welche die Königin Juliana für den Prinzen Friedrich, ihren Sohn, den Abgott ihres Herzens, schon lange hegte. Die schwache Leibesbeschaffenheit des Königs, die Ausschweiffungen, welchen er sich in seiner Jugend überließ, der merkliche Schaden, den seine Gesundheit dadurch erlitt, seine Abneigung gegen jede Beschäftigung, die geringe Achtung, welche seine Nation für ihn zeigte, hatten in dem Herzen dieser weitaussehenden Fürstin die Hofnung genährt, daß entweder der Thron, oder der Besitz der königlichen Gewalt, ihrem Sohne

über

über kurz oder lang zufallen würde. Nun war diese schmeichelhafte Hofnung dahin, und mit ihr alle die grossen Aussichten, die ihr Ehrgeiz sich vorgeträumt hatte.

Der König reisete indessen ab: die abgeneigten Gesinnungen der Königinnen gegen einander nahmen in seiner Abwesenheit eine Wendung, die alle Hofnung zur Versöhnung vernichtete. Die Anhänger der beiden hadernden Partheien suchten immer diese Ausföhnung zu erschweren, und alle Umstände begünstigten ihre Entwürfe. Von ihrem Gemahle verlassen, mit seiner eifersüchtigen Stiefmutter entzweit, suchte die junge Königin in sich selbst einen Trost wider Langeweile und Zwang eines unbelebten und fast einsamen Hofes. Sie führte ein ruhiges Leben; ihre Stunden waren zwischen den mütterlichen Sorgen und solchen Beschäftigungen getheilt, wodurch sie ihren Verstand bilden konnte. Ihre natürlichen Anlagen machten sie zu allem geschickt. So legte sie sich, um der dänischen Nation zu schmeicheln, auf die Erlernung ihrer Sprache, und redete sie in kurzer Zeit. Der einzige Trost, den ihr die Gesellschaft einer zärtlich geliebten Freundin gewährte, war ihr noch vor der Abreise des Königs durch die Entfernung der Frau von Pleß vom Hofe geraubt worden. Diese Dame bekleidete bei ihr die Stelle einer Obristhofmeisterin, und hatte sich sowohl durch die Reitze ihres Verstandes, als durch die Vortreflichkeit ihres Herzens, die vorzügliche Gnade ihrer Gebieterin erworben. Selbst der König hatte eine Achtung für sie, die nachmals die Quelle ihres Unglücks wurde. Sie benutzte nämlich nicht selten die Vertraulichkeit, womit er sie beehrte, um ihm Vorstellungen über sein Betragen und seine Grundsätze zu thun. Da sie Verstand und Einsicht hatte, so erstreckten sich diese Vorstellungen auch

auch auf Gegenstände, die wichtiger als die kleinen Privathandlungen und Neigungen des Königs waren.

So hatte sie ihm auf Anstiften der Königinn gerathen, sich von der lästigen und auf alle Staatsangelegenheiten so schädlich wirkenden Unterwürfigkeit, worinn der rußische Minister Saldern ihn hielt, mannhaft loszureissen, und ihm mit mehr Entschlossenheit und Würde zu begegnen; aber der König verrieth sie selbst an diesen Mann, dessen Stolz dadurch äusserst verbittert wurde, und dessen Rache nicht ruhete, bis er von dem Könige, Trotz den dringenden Bitten der Königin, erhalten hatte, daß Frau von Pleß ihrer Stelle entlassen und weggeschickt wurde. II. Frau von der Lühe, Schwester des Grafen von Holk, folgte ihr in ihrer Stelle, aber nicht in der Gnade der Königinn. Diese Fürstin hatte auch auf alle übrige Personen, die ih-

ren

ren Hof ausmachten, nicht das mindeste Vertrauen.

Unterdeß lebte die Königinn Juliana ih̄rerseits ruhig und einsam in Gesellschaft ihres Sohnes. Der kleine Haufe von Höflingen, der sie umgab, war ihr mehr wegen seiner Charge und der dafür fallenden Pension, als aus innerer Zuneigung, ergeben. Die beiden Königinnen sahen sich selten, und wenn es geschah, so war die zurückhaltende Kälte, womit sie einander begegneten, sehr dazu gemacht, die Hofnung einer Aussöhnung immer weiter zu entfernen.

Diese Umstände zogen die Aufmerksamkeit der Höflinge an sich; aber sie waren immer noch zu unbestimmt und schwankend, als daß sie einen gewissen Plan darauf hätten bauen können. Der gänzliche Verfall des Ansehens der verwittweten Königin auf der einen, und der noch zu wenig bekannte Charakter

rakter der jungen Königin auf der andern Seite, versprachen ihnen keine Stütze, woran sie sich halten könnten, wenn sie sich für die eine oder für die andere Parthei erklärten. Der König hatte bei seiner Abreise weder die Gesinnungen eines ehrerbietigen Sohnes, noch die Aufmerksamkeit eines zärtlichen Gatten gezeigt, und keiner der Staatsmänner, die am Ruder waren, schien in einer vorzüglichen und festen Gunst bei ihm zu stehen. Die Freundschaft der Höflinge, die nie ohne eigennützige Absichten zu entstehen, und ohne wirkliche Vortheile zu dauern pflegt, sah also noch keinen Gegenstand, der ihre Wahl bestimmen konnte, und sie blieben in diesem unentschlüßigen und zurückhaltenden Mißtrauen: einer bemerkte die Schritte des andern; jeder suchte die Absichten des Dritten zu erspähen. Keiner hatte einen Plan, aber jeder wünschte, fremde Vorsätze zu errathen, um sie zur rechten Zeit zu vereiteln.

Die

Die drei Minister, welche die Staatsangelegenheiten während der Abwesenheit des Königs verwalteten, waren die Grafen von Thott und Moltke und der Herr von Rosenkranz. Der Erstere besorgte die inländischen Geschäfte; der Andere versahe die durch die Abreise des Grafen von Bernstorf erledigte Stelle eines Ministers der auswärtigen Angelegenheiten; der Dritte war dem Kriegswesen vorgesetzt. Das Seewesen hatte kurz vorher durch die Absetzung des alten Grafen von Danneschiold sein würdiges Haupt verloren; der Graf von Lauerwig war ihm zwar in dieser Stelle gefolgt, aber ohne seinen Abgang zu ersetzen. Unter diesen vier Männern war der Herr von Rosenkranz der einzige, auf welchen die Blicke derjenigen, die ein Haupt für eine Parthei suchten, sich lenken konnten. Er ist ein vollkommener Weltmann. Ein edles Air, eine feine Lebensart, eine schmeichelnde Gefälligkeit, ein durchdringender Verstand, ein großer Hang zur Intrigue, und eine kunstvolle Biegsamkeit, sind die Haupteigenschaften dieses Mannes, der jetzt, ohne ein Amt zu bekleiden, die meiste Zeit auf seinen Güthern lebt, aber vielleicht noch eine große Rolle in Dännemark spielen dürfte, wenn jemals die Zeit kommen solte, wo man Leute seines Schlags weniger als jetzt fürchten wird. Es war auch noch zu früh, um an eine Parthei zu denken: die ersten Zeiten der Regierung des Königs hatten zu viel Beispiel gegeben, daß die höchste Gunst und der tiefste Fall so nahe bei einander waren, daß niemand weder in sein eigenes, noch in eines andern Glück, ein festes Vertrauen setzen konnte.

Die drei andern Männer, deren ich vorhin erwähnte, sahen die Händel des Hofes für Ränke an, die unter ihnen wären. Der Graf von Thott, ein rechtschaffener und gelehrter Mann, hatte in sich und seinen Kenntnissen eine reiche Quelle des Trostes wider jeden Schlag des Schicksals. Man sahe ihn in jeder Konjunktur immer sich selbst und seinen Verdiensten gleich bleiben. Er nahm, was das Glück ihm zuführte, ohne Uebermuth an, und verlor es ohne Kleinmüthigkeit. Solch ein Mann ist zu dem politischen Schleichhandel nicht geboren.

Der Graf von Moltke hatte unter der vorigen Regierung solch eine glänzende Rolle gespielt; er hatte sich seine damaligen glücklichen Umstände so emsig und vorsichtig zu Nutze gemacht, um sich eine dauerhafte Glückseligkeit auf sein ganzes Leben vorzubereiten; er stand in dem ganzen Reiche in solch einem Ansehen, daß man mit Recht glauben konnte, er würde sich durch seine Umstände allein über jede Widerwärtigkeit hinaussetzen, die ihm bei Hofe zustoßen könnte. Zwar kannte man seinen Ehrgeitz; man wuste, daß er den Glanz für eine unumgänglich nöthige Beilage zum Glücke ansah. Allein man überlegte auch zugleich, daß es ein Alter giebt, wo der Stachel des Ehrgeitzes erstumpft, und wo man die angenehme Ruhe eines ungestörten Glückes nicht gern eingebildeten und unsichern Vorzügen aufopfert. Der Graf Lauerwig hatte nur Lebensart und die Kenntnisse, die man durch eine lange Praxis und Kenntniß der feinern Welt erwirbt; auch hatte er seinem Vergnügen jederzeit seinen Ruhm aufgeopfert, in einigen Gelegenheiten mit so großer Unbedachtsamkeit aufgeopfert, daß er die allgemeine Hochachtung, welche er vor diesen Fehltritten besaß, völlig verloren hatte. Mit solchen Grundsätzen thut man auf der Bahn des Ehrgeitzes keine großen Schritte — — Von diesen drei Männern konnte man also die Anzettelung von verwickelten Hofränken nicht erwarten.

Die

Die Dänische Nation war äufserst unzufrieden über diese Umstände, die das System des Hofes zerrütteten. Ihr misfiel schon die Beibehaltung der Kopfsteuer, die man ihr in kurzer Zeit wieder abzunehmen versprochen hatte, als man sie im Jahre 1762. bei einem bevorstehenden Kriege mit den Russen etablirte: mit der Anwendung dieser Auflage war sie noch unzufriedner als mit der Auflage selbst. Besonders waren die Norweger darüber aufgebracht, und sie brachen in Klagen aus, deren Ton sehr bedenklich war. Kaum hatte sich dieses Misvergnügen gelegt, kaum fieng man an, diese Bürde geduldiger zu ertragen, als sich eine neue Quelle des Schmerzens und Unwillens für die Nation eröfnete: Dieses war die kostspielige Reise des Königs. Sie erschöpfte die Finanzen und veranlaßte die Einstellung aller Ausgaben, die vorhin dem Volke zu Gute kamen. Der Straßenbau, die Unterhaltung der königlichen Schlösfer, die vorgehabte Vermehrung der Landmacht, alles ward dadurch verhindert; das baare Geld gieng aus dem Lande; der Wechselcours mit Hamburg stieg auf das höchste; der Handel gerieth in Verfall, der Credit nahm ab.

In diesem traurigen Zustande fand der König sein Land, als er zurück kam. Sein Flattersinn, der auf nichts haftete, was nicht auf seine gewöhnliche, unbedeutende Beschäftigungen Bezug hatte, verhinderte ihn, die Bedenklichkeit dieser Umstände zu erwägen, und vertilgte in ihm jede Empfindung, die ihn aufmerksam darauf hätte machen können.

Die günstige Veränderung, welche die regierende Königin in seinem übrigen Betragen wahrnahm, hatte in ihr die frohe Hofnung erweckt, daß der König ihr mehr Achtung und Vertrauen, als in den lezten Zeiten vor seiner Abreise erweisen würde; aber wenn
auch

auch die Gesinnungen des Königs diese Hofnung begünstigt hätten, so waren dagegen die verderblichen Grundsätze, die sein Liebling Holk ihm einprägte, ganz dazu gemacht, jede Erwartung dieser Art zu vernichten. Auch gegen seine übrige Familie blieb der König kalt und zurückhaltend.

Gegen seine Minister betrug er sich eben so. Diese bekümmerten sich anfangs wenig darum, und sahen es nicht ungern, daß der junge König die Regierungsgeschäfte gegen Vergnügungen vertauschte. Dieser Umstand setzte ihn über alle Sorgen weg, und schien diejenigen, die einmal Rang und Einfluß besaßen, in diesen Vorzügen um so mehr zu befestigen. Um den König her schwärmte beständig ein Haufen junger Leute, die ihm die lange Weile, welche ihn unter seiner Familie und in seiner Unthätigkeit verfolgte, nach allen Kräften zu verkürzen suchten, und sich ihm

ihm dadurch immer unentbehrlicher zu machen wußten. Unter ihnen galt der junge Graf von Holk das meiste beim Könige.

Während die Sachen bei Hofe solchergestalt liefen, erhob sich allgemach, unter dem stillen aber desto sichern Schutze eines besondern und freundschaftlichen Umgangs mit dem Könige, ein Mann, dessen entscheidender Einfluß in wenig Zeit das Schicksal der Favoriten, der Minister, der königlichen Familie, ja selbst der ganzen dänischen Nation, bestimmen und entscheiden sollte. Dieser Mann ist Struensee. Die Geschichte seines Emporkommens, seiner Unternehmungen, seines Glücks, seines Falles und seines traurigen Endes, wird mit der Geschichte des ganzen dänischen Reichs auf eine Zeitlang innig verwebt seyn; er wird über das Ministerium und über den König selbst eine Zeitlang herrschen; er wird der ganzen dänischen Staatsmaschine

maschine eine neue und bessere Gestalt geben: aber die Schwäche seines Charakters, und eine Reihe von wichtigen Fehlern, verbunden mit einem feindlichen Schicksal, werden ihn ins Verderben stürzen, und er wird endlich der Menschheit eines der einleuchtendsten Beispiele von der Veränderlichkeit des zeitlichen Glücks aufstellen und bewähren. Ich muß hier einige Züge in Ansehung seiner Abkunft und seines Charakters vorausschicken. Sie werden über die darauf folgende Geschichte seiner Handlungen viel Licht verbreiten.

Johann Friedrich Struensee ward im Jahre 1737. zu Halle geboren. Sein Vater, Adam Struensee, stand damals als Pfarrer bei einer der vornehmsten Kirchen dieser Stadt. Er erhob sich durch Verdienste und Gelehrsamkeit. Im Jahr 1757. ward er nach den deutschen Staaten des Königs von Dännemark berufen; er ward Probst und Haupt-

Hauptpaſtor zu Altona, und drei Jahre nachher Generalſuperintendent der Herzogthümer
Schleswig und Holſtein.

Seine Mutter war die einzige Tochter
des königl. Däniſchen Leibarztes Johann Sa-
muel Carl. Der berühmte Struenſee ſtammt
alſo von bürgerlichen Eltern. Der Stolz
wirft ihm ſeine Geburt vor, aber die Billigkeit ehrt und achtet ſie, weil ſie wohl weiß,
daß das Verdienſt in jedem Stande anzutref-
fen und hochzuſchätzen ſey. Eben ſeinem bürgerlichen Stande, der ihm zunächſt den Vortheil brachte, daß er ſeine jugendlichen Jahre
unter den Augen eines zärtlichen und ſorgſa-
men Vaters zubringen konnte, hatte Struenſee eine muſterhafte Erziehung, eine Menge
nützlicher Kenntniſſe, und einen hellen geſun-
den Verſtand zu danken. Er ward von ſeiner erſten Kindheit an zum Denken gewöhnt
und ſeinem Unterrichte lag ein wohl überdach-
ter

ter Plan zum Grunde. Die Natur hatte ihm eine angenehme Gestalt, einen feinen Verstand, einen feurigen Geist und viele andere schätzbare Anlagen verliehen; aber mit diesen glücklichen Gaben vermischte sie zugleich andere, die gefahrbringend waren. So bemerkte man schon früher an ihm die Spuren eines unternehmenden und unruhigen Geistes, und einen ungebändigten Ehrgeitz. Dieser Umstand erweckte in seinem würdigen Vater eine gegründete Besorgniß, als er den schnellen Fortgang seines außerordentlichen Glücks durch den Ruf vernahm. „Mein Sohn, sagte er zu einem Freunde, wird die Gnade seines Monarchen nicht ertragen können!" — Diese Worte enthalten Struensees ganze Geschichte. — Ueberdies hatte er beständig eine zu große Neigung zum Vergnügen, eine zu freie Denkungsart im Betracht der Moralität und zu wenig Achtung gegen die Religion verrathen. Diese Fehler pflegen in der Trunken-

Trunkenheit des Glücks einen übermäßigen Schwung zu nehmen; sie sind die gefährlichsten für einen Mann, dessen Schicksal die allgemeine Aufmerksamkeit auf sich zieht, sie verleiten ihn zu wichtigen Fehlern, und die Politik sollte allein schon jedem Staatsmann eingeben, sich sorgfältig vor ihnen zu hüten.

Als Struensee das Alter erreicht hatte, wo man sich für einen Stand bestimmen muß, widmete er sich der Arzneikunst. Er hatte schon die Doktorwürde erlangt, als sein Vater nach Altona berufen ward. Er begleitete ihn dahin und war nicht lange dort, ohne sich Ruhm und Hochachtung zu erwerben. Unter andern kam er mit zwei Männern in Bekanntschaft, die jeder einen verschiedenen Antheil an seinem nachmaligen Schicksale hatten: diese waren der Graf von Ranzau-Aschberg und von Brandt. Beide wurden seine Freunde; aber einer davon ward
nach

nach der Zeit das Hauptinstrument seines Sturzes, und der andere der unglückliche Gefährte seines Verderbens. Auch wuste er zu Pinneberg die Gewogenheit der Frau von Berkenthien sich zu erwerben; sie war die Gemahlin des ehemaligen Obristhofmeisters Friedrichs des Fünften, und empfahl den jungen Struensee zuerst bei Hofe. III. Im Jahre 1768. ward er zum Leibarzt und zugleich zum Begleiter des Königs für seine bevorstehende Reise ernannt. Von diesem Augenblick an widmete er sich ganz dem Könige, oder vielmehr der Begierde, seine Gnade zu erwerben. Das Glück begünstigte seine Bemühungen auf eine Art, die ihn bald zu einer Höhe erhob, die er nur durch eine außerordentliche Wendung seines Schicksals erreichen konnte.

Einige Schritte dazu hatte er schon gethan, als er mit dem Könige nach Kopenhagen

gen zurückkehrte. Man fieng an, eine Gäh⸗
rung unter den Höflingen, und die ersten
Anzeichen auflebender Parteien zu entdecken.
Diejenige welche sich an den jungen Grafen
von Holk zu schließen schien, war die vor⸗
nehmste und die zahlreichste. Die ersten
Männer des Staats, die Minister waren dar⸗
unter; sie besorgten nichts von diesem leicht⸗
sinnigen Günstling, der sich nur nach Glanz
und Vergnügen sehnte; sie fürchteten nur den
Einfluß der regierenden Königin; sie sahen
vorher, daß dieser entscheidender und vielleicht
für sie sehr gefährlich seyn würde, wenn sie
jemals die Oberhand erhalten sollte. Holk
befestigte den König in Grundsätzen, die sei⸗
ner Gemahlin äußerst misfallen und sie von
ihm entfernt halten mußten; es konnte also
diesen Männern, denen es nur um ihr An⸗
sehn und ihre Gewalt zu thun war, nichts
wünschenswerther seyn, als die Dauer der
Gunst, worinn sich Holk gesetzt hatte. Die
wenigen

wenigen Anhänger der verwittweten Königin theilten mit ihr die Dunkelheit und die Stille ihres damaligen Zustandes. Einige junge Leute, die in den Reitzen und dem Verstande der regierenden Königin eine Macht zu sehen glaubten, welche ihr mit der Zeit viele Anhänger, ja selbst vielleicht in andern Umständen die Neigung des Königs zurückgewinnen dürfte, schienen auf ihre Seite zu treten, allein sie waren ohne Vermögen, ohne Ansehen, ohne Erfahrung, welche in den Ränken der Höfe so nöthig ist; die junge Königin setzte auch kein Vertrauen auf eine so schwache Unterstützung und hatte sich schon einen Plan gesponnen, wodurch sie ihren Endzweck besser zu erreichen glaubte.

Diese junge Fürstin hatte etwas thätiges, etwas entschlossenes in ihrem Charakter, was nicht immer unthätig bleiben konnte. Sie war durch die unansehnliche Rolle, die sie bey

Hofe spielte, sehr gedemüthiget; sie empfand, daß es kein anderes Mittel für sie gäbe, das Ansehn welches ihrem Range gebührte, wieder zu erlangen, als wenn sie das Vertrauen des Königs wieder zu gewinnen suchte. Sie war überzeugt, daß dieses ihr nie gelingen könnte, so lange Holk in seiner Gunst bleiben würde; sie konnte sich auch nicht entschliessen ihr Vertrauen auf einen der Minister zu setzen, und war ihnen allen, besonders aber dem Grafen von Bernstorf, den sie fürchtete, ganz abgeneigt. Sie hatte damals noch keine Ursache zu besorgen, daß die verwittwete Königin, ihre verschworne Feindin, sich zu Ansehen und Einfluß in die Geschäfte emporschwingen sollte. Sie nahm sich also nur vor, alle widrige Absichten, die sie von den Ministern besorgte, zu vereiteln und den herrschenden Günstling zu stürzen. Ihre ersten Schritte waren sorgfältige Gefälligkeit gegen den König, und emsige Bemühung in

allem

allem nach seinen Wünschen zu handeln. Ein seltener Zusammenfluß von Umständen begünstigte das Vorhaben der Königin. Der leichtsinnige Graf von Holk, der blos dem Charakter des Königs die Gunst, worinn er bei ihm stand, zu verdanken hatte, und keines von diesen Talenten besaß, wodurch Günstlinge, die in der Kenntniß der Menschen und in den Ränken des Hofes geübt sind, oft allen Widerwärtigkeiten mit Erfolg Trotz bieten, hatte selbst dem Struensee, dessen künstlich verborgene Absichten für Holks Verstand zu fein waren, den Weg zur Erwerbung des Vertrauens des Königs gebahnt. Er selbst führte ihn oft zu dem Monarchen, er selbst war Schuld, daß der König den Struensee oft mit sich nahm, wenn er die Königin besuchte. Holk hatte gemerkt, daß Struensee der Königin eben so verhaßt als er selbst war, und fand daher einen Gefallen daran, ihr diese überlästige Gesellschaft oft zu verschaffen. Aber

C 3 dieser

dieser Umstand nahm bald eine Wendung, welche die Einsicht der Königin, und die Unerfahrenheit des Günstlings zur höchsten Vollkommenheit ausbildeten.

Erstere glaubte an einigen Reden des Königs eine Veränderung gegen Holk, und immer mehr Achtung gegen Struensee wahrzunehmen. Es entgieng ihr nicht, daß der letztere dem Monarchen immer angenehmer und unentbehrlicher würde und daß die Gewalt, die er über ihn hatte, sich nicht bloß auf die unbedeutenden Geheimniße seines Privatlebens einschränkte, sondern sich auch auf die Staatsgeschäfte ausbreitete. Sie unterschied sehr bald das Betragen dieses Mannes gegen sie von dem ehrfurchtslosen Benehmen des Grafen Holk. Struensee blieb nicht nur in den gehörigen Schranken der Ehrfurcht, sondern schien innig gerührt zu seyn, daß er so oft gezwungen würde, die Königin durch seine

Gegen-

Gegenwart zu beleidigen. Dieses Betragen, das sie zu Gunsten seines Charakters auslegte, verminderte allmählig ihren Widerwillen gegen ihn; sie gewöhnte sich an seinen Umgang; bemerkte an ihm Verstand und Einsicht; die aufwachsende Neigung des Königs für ihn zog ihre Aufmerksamkeit immer mehr auf sich; und so kam es, daß sie ihn in kurzer Zeit mit einer Achtung und Gnade begegnete, die nicht lange unbemerkt bleiben konnte.

Zwar wurden diese ersten Schritte von den Ministern und dem Grafen Holk, der sie selbst erleichterte, nicht wahrgenommen oder vielleicht verachtet; aber sie blieben nicht lange ohne Wirkung, und die junge Königin hatte ihren Sieg bloß diesem Umstande zu danken. Der König wurde seiner Lebensart überdrüßig und eben darum kalt und zurückhaltend gegen Holk. Dagegen schien Struensee sein Vertrauen immer mehr zu gewinnen. Dieses doppelte

doppelte Umstand entgieng der Königin nicht, sie erkannte seine ganze Wichtigkeit, und beschloß, nun nicht eher zu ruhen, bis sie ihren Plan wider Holk ausgeführt hatte.

Diesen glücklichen Anfang unterstützten bald mehrere günstige Umstände. Der Graf Bernstorf hatte nach der Rückkehr des Königs zur Staatskanzlerwürde sollen erhoben werden. Aber dieser Gedanke kam in Vergessenheit, und die Achtung des Königs für ihn nahm merklich ab.

Um diese Zeit ward beschlossen, dem Kronprinzen die Blattern einzuimpfen. Dies Geschäft ward dem Struensee im May des Jahres 1770 übertragen. Zugleich erklärte die Königin, daß er auch nachher seine Erziehung besorgen sollte. Die Einimpfung hatte den glücklichsten Erfolg, und die Belohnung des Struensee entsprach demselben vollkommen. Er wurde zum Conferenzrath und Vorleser des Königs und der Königin mit einem Gehalt von 1500 Thlr. ernannt. Diese neue Stelle gab ihm das Recht, immer bei Hofe zu seyn, und seiner Praxis als Arzt zu entsagen.

Struensee hatte sich während der Einimpfung die Gnade der Königin auf eine entscheidende Art erworben. Diese gefühlvolle Fürstin liebte ihren Sohn auf das zärtlichste. Ihr gutes Herz ließ ihr keine Ruhe mehr von dem Augenblicke an, wo man ihm eine auch bei aller Erfahrung der Kunst stets bedenkliche Krankheit beigebracht hatte. Niemand durfte bei dem jungen Prinzen seine zärtliche Mutter vertreten; sie selbst besorgte ihn; sie selbst wachte bei ihm; sie selbst wollte den Augenblick seines Erwachens erwarten, um seiner zu pflegen. Struensee muste ihr in diesen mütterlichen Verrichtungen beistehen; sie erlaubte ihm nicht, den Liebling ihres Herzens aus den Augen zu verlieren. Dieses verschaffte

schaffte ihm Gelegenheit, viele Stunden in ihrer Gesellschaft zuzubringen. Er hatte Verstand und Kenntnisse; seine Gespräche waren lehrreich und angenehm und sein ganzes Wesen hatte etwas Anziehendes, welches auf das Herz der Königin unausbleiblich wirken muste. Sie fand Trost und bald darauf Vergnügen in seinem Umgang. Ihre Conversationen mit ihm wurden immer vertraulicher und wichtiger. Sie glaubte endlich seiner Ergebenheit völlig versichert zu seyn, und den Mann an ihm gefunden zu haben, der ihr bei der Ausführung ihrer Plane von großem Nutzen seyn könnte. Sie schenkte ihm ihr ganzes Vertrauen, und eröfnete ihm ihre geheimsten Wünsche. Struensee kannte den König zu gut und hatte zu viel Vertrauen auf seinen Einfluß, als daß er nicht hätte hoffen und versprechen sollen, der Königin mit dem besten Erfolge zu dienen, und sich dadurch einen neuen Weg zu ihrer Gunst zu eröfnen. Er

widmete

widmete sich gänzlich ihren Absichten und sie hatte an ihm wirklich einen Mann, der sie mit Einsicht, Ueberlegung und dem schnellsten Erfolge darinn leitete. Der König wurde völlig gewonnen; er änderte sein Betragen gegen die Königin gänzlich, und erwies ihr ein Vertrauen, welches sie sich bald zu Nutze zu machen wuste. Die erste Folge davon war der Sturz des Grafen von Holk.

Die Minister erwachten endlich aus ihrem Schlummer, und fiengen an, eine lebhafte Besorgniß aus der Wendung, welche alles bei Hofe nahm, zu schöpfen. Sie wollten den Kammerjunker Warnstaff, der jetzt Holks Stelle einnahm, entfernen; aber dieser wuste ihren Absichten zu entgehen. Sie wünschten den Struensee zu stürzen, aber der König gab ihnen kein Gehör, weil sich die Königin seines Vertrauens bemächtigt hatte. Man fieng an, eine Vertraulichkeit zwischen ihr

ihr und Struensee zu entdecken, die zu vielen muthwilligen Vermuthungen Anlaß gab, aber auch zugleich die Schwierigkeit einsehen ließ, etwas wider ihn mit Erfolg zu unternehmen. Ein Mann, der einen doppelten Groll wider diesen so schnell emporkommenden Günstling in seinem Herzen trug, that den Ministern den Antrag, sie wider ihn mächtig zu unterstützen. Dieser Mann war der rußische Minister Philosophow. Politik und Eigenliebe machten ihm den Struensee gleich verhaßt; er wuste, daß er dem König unermüdet anlag, sich von seiner Abhängigkeit vom rußischen Hofe loszumachen. Struensee hatte ihn um die Gunst einer Dame gebracht, welcher er sehr ergeben war, und er hatte sich durch eine öffentliche und schimpfliche Beleidigung gerächt, welche die ganze Heftigkeit seines Zorns und seines Charakters verrieth. Struensee hatte diese harte Begegnung ungeahndet lassen müssen, verwahrte aber das Andenken davon desto

lebhaf-

lebhafter. Philosophow wuste hingegen, wie sehr der Graf Bernstorf seinem Hofe ergeben war; er suchte die Besorgniß dieses Ministers vor dem schnell wachsenden Ansehen Struensees noch lebhafter zu erregen; er stellte ihm nachdrücklich vor, wie dringend nöthig es sey, diesen gefährlichen Mann von Hofe zu entfernen und versprach ihm, seine Monarchin dahin zu bringen, daß sie sich mit ihrem ganzen Ansehen zu Gunsten ihres gemeinschaftlichen Plans verwendete. Damals war es vielleicht noch Zeit, dieses mächtige Mittel wider Struensee mit Erfolg zu gebrauchen; aber Bernstorf und seine Freunde nahmen den Antrag des rußischen Ministers nicht an; ihre Eigenliebe verhüllte ihnen die wahre Lage der Sachen, und ihr Stolz verachtete einen Feind, der ihnen zu einem Sieg über sie so wenig gewachsen zu seyn schien. Diese sorglose Fahrläßigkeit ist an dem Grafen von Bernstorf um so mehr zu verwundern, da er sich

schon

schon lange gegen einige Freunde über den Charakter Struensees und die Absichten, die er von ihm argwöhnte, ausgelassen, und dadurch sattsam gezeigt hatte, daß er die Denkart dieses Mannes, mit der ihm eigenen Einsicht, geprüft und erforscht, und beunruhigende Folgen daraus gezogen hatte.

Der Hof reisete indessen nach Schleßwig ab. Bernstorf, Holk und Schimmelmann begleiteten den König, wie auf der vorigen Reise; Warnstatt und Struensee waren im Gefolge. Diese zwei gegen einander stehende Parteien schienen ungleich zu seyn; aber die Gegenwart der so mächtig gewordenen Königin wuste den Sieg auf die Seite der letztern zu lenken. Bernstorf hatte einige Verfügungen getroffen, die er für seine Sicherheit nöthig erachtete. Der rußische Minister hatte eine Reise nach Aachen vor; aber er beredete ihn, nur nach Pirmont zu gehen, um sich von dem
Hofe

Hofe nicht so weit zu entfernen. Er hatte von dem König erhalten, daß niemand ihn, in der Zeit seiner Abwesenheit von Kopenhagen, in seiner Stelle eines Ministers der auswärtigen Geschäfte vertreten sollte. Dieses Geschäft hätte dem Grafen von Moltke wieder zu Theil werden sollen. Aber er setzte kein Vertrauen mehr auf die Gesinnungen dieses alten Freundes, weil er in eine genaue und ihm verdächtige Bekanntschaft mit dem Herrn von Rosenkranz, den Bernstorf mit Recht für seinen heimlichen Feind hielt, seit einiger Zeit getreten war. Die fremden Minister wurden ersucht, sich in vorfallenden Geschäften an den abwesenden Grafen Bernstorf schriftlich zu wenden. Die Partei der Königin erhielt aber bald andere Vortheile. Struensee rieth ihr, ihren Zufluß immer mehr zu verstärken, um einen Mann in ihr Interesse zu ziehen, der ihm fähig schien, das Ansehen der Minister auf ihrer Seite zu ersetzen. Dieser

Mann

Mann war der Graf von Ranzau=Aschberg, der ehemals in den Sturz des Grafen von Saint Germain mit verwickelt worden war. Der König hatte sich in seinem Umgange immer gefallen. Er war damals Freund des Struensee, aber dem rußischen Hofe und dem Grafen Bernstorf sehr abgeneigt: daher schien er ein Mann zu seyn, den man sehr gut brauchen könnte. Die Königin schien nie ganz ruhig zu seyn, so lange Holk bei Hofe war. Struensee benutzte diese Besorgniß zu Gunsten seines andern Freundes des Herrn von Brandt, der ehemals ein Liebling des Königs gewesen war, und bestimmte ihm die Stelle des Grafen von Holk, dessen Sturz nun beschlossen wurde. Die Königin befolgte diesen Rath, und diese beiden Männer wurden auf ihr Ersuchen von dem Könige zurückgerufen. Ihre Gegenwart hatte bald einen Einfluß auf die Geschichte des Hofes: man bemerkte an dem König schon einige Vorboten des traurigen Gemüthszustandes worinn er nachher verfiel. Der Graf Bernstorf, der ihn zu einem würdigern Betragen hätte bringen können, verlor täglich von seinem Ansehen bei ihm. Seine Gefälligkeit gegen die Königin, und die Gunst, welche er Struensee erwies, arteten in eine Nachgiebigkeit aus, woran mehr Schwäche als Ueberzeugung Theil hatte; diese Schwäche, die ihn zu einer übertriebenen Ergebenheit für Struensee und zu einem verderblichen Umgang mit dem Grafen von Ranzau verleitete, that sehr bald eine nachtheilige Wirkung auf die Königin. Sie schien den edlen Anstand, die reizende Sittsamkeit, welche sie noch mehr, als ihre Schönheit, zierten, aufzugeben; sie überließ sich Uebungen und Zerstreuungen, die nur zu leicht diese Tugenden zurückzusetzen pflegen. Ihr jugendliches Alter kannte keine Vorsicht; ihr gutes Herz machte sie vor der Welt unbesorgt, und ihr lebhaftes Gemüth riß sie über Schranken

ken hinweg, die sie nie, wenn ihr guter Ruf ihr lieb war, hätte überschreiten sollen. Holk wurde dem Könige immer gleichgültiger, und endlich brachte ihn die vereinigte Kraft seiner Feinde gänzlich um die Gunst seines Herrn, und gab dem Willen des letztern eine entscheidende Richtung. Dieses zeigte sich noch deutlicher in den Veränderungen, die nach der Rückkehr des Königs von dieser zweiten Reise, bei Hofe und in dem Staatsrathe vorgenommen wurden, und das ganze System beider von Grunde aus anders gestalteten.

Die ersten Schläge fielen auf den Grafen von Holk, und auf seine Schwester, die Frau von der Lühe, Oberhofmeisterin der Königin; beide wurden vom Hofe weggeschickt. Herr von Brandt folgte dem Grafen von Holk in der Gunst des Königs, und in der Stelle eines Direkteurs der Schauspiele und Vergnügungen. Dieses war ein warnender Zufall

für

für den Grafen von Bernstorf. Er empfand aber zu spät, wie unvorsichtig er gehandelt hatte und wie gefährlich seine Lage geworden war. Die Unterstützung von Seiten Rußlands schien ihm das einzige Rettungsmittel zu seyn; er meldete dem Minister dieses Hofes alles was geschehen war, und dieser eilte zurück. Aber die Zeiten seines Ansehens waren dahin; er kam nur, um einen beschämten Zeugen des Triumphs seines ärgsten Feindes abzugeben. Sie waren vorbei diese Zeiten der rußischen Gewalt über den dänischen Hof, wo die einzige Drohung, das hollsteinische Austauschungsgeschäft rückgängig zu machen, den König und seine Minister in die größte Furcht setzte; wo ein allvermögender Saldern die Diener des dänischen Hofes nach dem Interesse des seinigen erhob und stürzte, Ehrenbezeugungen genoß, die nie einem fremden Minister erwiesen worden und die Reise des Königs wider das Gutdünken aller seiner Minister beschloß; wo endlich ein stolzer Philosophow diesem schwachen Monarchen, als er dem Grafen von Görz, dem Freunde des Grafen von Saint Germain, eine ansehnliche Stelle in seinem Militair bestimmt hatte, in einem an ihn eigends gerichteten Briefe schrieb: „Ich habe von meinem Hofe den Befehl, „eher den Ihrigen zu verlassen und alle Ge- „meinschaft aufzuheben, als zu erlauben, daß „dieser gefährliche und intriguante Mensch an „Ihrem Hofe bleibe." —. Struensee, dessen Einfluß sich auf alle Angelegenheiten des Staats und des Hofes zu verbreiten anfieng, hatte dem Könige andere Gedanken beigebracht. Der Hof hielt sich wenig in der Stadt auf und begab sich bald nach dem Schlosse Hirschholm, wohin die Anhänger der Königin allein ihm folgten. Bernstorf konnte sich endlich nicht mehr verbergen, daß es seinen Feinden gelungen war, ihm das Vertrauen des Königs völlig zu entziehen. Die ernsthaftesten Gedanken

danken beschäftigten ihn seit diesem Augenblicke, und er war unentschlüßig, ob er den Schlag, der ihm drohete, ruhig erwarten, oder ihm zuvorkommen sollte? Das erstere schien ihm seiner Ehre und seines Ruhms würdiger zu seyn; auch in seinem Falle hofte er, sich auf das Urtheil der Welt über ihn verlassen zu können. Er wuste, daß der vernünftigere Theil derselben seine Sentenz über ihn, nicht nach der Aussenseite der Ereignisse, sondern nach dem wahren und wohl überwogenen Werthe seiner Handlungen fällen würde. Der Schlag, den er vorher sah, ließ sich nicht lange mehr erwarten; er wollte eben einige Stunden dem Wohl des Staats weihen, als er ein Schreiben des Königs erhielt, wodurch ihm die Entlassung von seinen Diensten angezeigt wurde. Seine erste Empfindung war schmerzhaft, aber er ermannte sich bald wieder. „Ich bin meines Amtes entsetzt,“ sprach er ganz ruhig zu einem Diener, dem einzigen

Zeugen

Zeugen dieses peinvollen Augenblicks, indem er den nassen Blick gen Himmel schlug — "Allmächtiger! segne dieses Land und seinen König!" — So fiel dieser große Staatsmann, in welchem Dännemark einen einsichtsvollen und auf sein Wohl stets wachsamen Minister gehabt hatte, und dessen Andenken ihm ewig schätzbar und verehrungswürdig seyn wird.

Rosenkranz, den wir nun bald in einem ähnlichen Falle sehen werden, war der erste, der diesen alten Diener des Staats der jungen Königin verdächtig machte; Rantzau hatte den Streich vollführt, und Struensee hatte das ganze Werk geleitet. Eine so wichtige Ereigniß war die bestimmende Voranzeige der Veränderungen, welche ihr folgen sollten.

Nach einem solchen Falle war niemand mehr seines Schicksals sicher und man sahe bald, daß diese allgemeine Besorgniß nur zu gegrün-

gegründet war. Der Admiral Graf von Lauerwig, der ältere Graf von Holk, Kammerpräsident, der junge Graf von Bernstorf, erster Deputirter beim Zollwesen, erhielten sämmtlich ihre Entlassung. Ein gleiches Schicksal traf wenige Zeit nachher die drei Minister: die Grafen von Holk, und Thott, und den Herrn von Rosenkranz. Die Präsidentenstelle am Kriegscollegio wurde dem General Hauch genommen und dem Grafen von Ranzau gegeben. Der Graf von Lauerwig, dessen Tochter mit dem ehemaligen Lieblinge Holk kurz nach der Rückkehr des Königs vermählt worden, verlohr die Stelle eines Admirals, und das Seewesen wurde dem Viceadmiral Römling anvertraut; der Graf Ranzau kam mit dem General Göhler und dem Freiherrn Schak-Rathlou, damaligem ersten Deputirten bei dem Finanzcollegium, in den Staatsrath, allein der letztere blieb nicht lange darinn; ohne Vermögen, ohne Hofnung, sich und seine Familie anständig zu versorgen, einer bessern Lage gewöhnt, hatte er den Muth, sich wider einige Einschränkungen, welchen man die Gewalt dieses Raths unterwerfen wollte, zu erheben, seine Entlassung zu begehren und sich ohne Gehalt auf das Land zu begeben, um dort sein weniges Vermögen in einer ruhmvollen Ruhe zu verzehren. Der Herr von Schimmelmann war also der einzige, der dem allgemeinen Schicksal der dänischen Staatsmänner entgieng. Er hatte dieses Glück nicht einer besondern Gunst, sondern seiner Gewohnheit, jedem, den er fürchtete, auch mit Aufopferung seines eigenen Ansehens, zu schmeicheln, und der Vorsichtigkeit zu danken, womit er sich in diesen verworrenen Umständen nach Hamburg flüchtete, sich die mehreste Zeit des Jahrs dort aufhielt und die Angelegenheiten seiner Gesandschaft und die seinigen selbst, in einer anspruchslosen Stille, verwaltete. Man ernannte niemand zu der Stelle eines Ministers stets der auswärtigen Geschäfte, und es wurde den fremden Gesandten kund gethan, daß sie sich in den Angelegenheiten ihrer Höfe an den König selbst und schriftlich zu wenden hätten. Die Hauptabsicht dieser letztern Vorkehrung war, dem rußischen Minister jeden Weg zur Intrigue abzuschneiden, auf welchem der Succeß der entworfenen Maaßregeln hätte erschweret werden können. Diese Absicht entgieng diesem Minister nicht: er wurde äußerst aufgebracht und ergoß seinen Zorn in den bittersten Klagen und Anmerkungen. Er drohete öffentlich mit der Rache seines Hofes und überschickte ihm durch einen Courier die umständlichste Beschreibung der seltsamen Auftritte, wovon er in der Zeit von einigen Wochen Zeuge gewesen war. Der König hatte seinerseits den Generaladjutanten Warenstatt nach Petersburg geschickt, um den rußischen Hof von dem ganzen Vorgange zu benachrichtigen.

Diese allgemeine Erschütterung, welche keine Klasse der Staatsbeamten verschont und die Vornehmsten unter ihnen von ihren Stellen herabgestürzt hatte, erweckte eine unbeschreibliche Furcht in allen Gemüthern. Die verwittwete Königin sah von ferne diesem schrecklichen Ungewitter ruhig zu; ihr Mißvergnügen darüber war so unbestimmt, als unbedeutend; sie bemühte sich nur, denjenigen, welche dessen verderbliche Schläge getroffen hatten, bei jeder Gelegenheit mit den größten Bezeigungen des Mitleids und der Freundschaft zu begegnen.

Unterdessen genossen die junge Königin und ihr glücklicher Rathgeber ihrerseits die Früchte ihrer erworbenen Vortheile; die vertrauliche Eintracht und Ruhe, worinn sie lebten, wurde durch die angenehmsten Zerstreuungen verschönert und ihre glücklichen Tage flossen in überirdischer Wonne dahin.

Doch

Doch vergaßen sie nicht, sich der Dauer dieses Zustandes zu versichern, und befolgten darinn stufenweise einen sehr wohl überdachten Plan. Struensee, dessen weitaussehende Absichten dahin giengen, die ganze königliche Gewalt in seine und der Königin Hände zu spielen, empfand, daß dieses so lange unmöglich wäre, als diese Gewalt nicht in einen einzigen Punkt gebracht seyn würde, dessen sie sicher seyn könnten: und dieser Punct war die Person des Königs. Sie sonderten ihn also von aller Gesellschaft ab, weil sie wusten, daß seine Entschlüsse das Werk derjenigen waren, die ihn umgaben. Brandt hatte den Auftrag, alles zu erfinden, womit dieser junge Fürst die Tage seines Lebens angenehm vertändeln konnte. Diese flatterhafte Lebensart hatte mit den Neigungen des Königs zuviel Aehnlichkeit, als daß er nicht einen besondern Gefallen daran hätte finden sollen. Dies war die Vorbereitung zu einem großen Schritt,

dem

dem wichtigsten unter denjenigen, welchen die Königin und Struensee gethan hatten. Sie erhielten von dem Könige, daß er nicht mehr mit seinen Ministern arbeiten, sondern ihnen befehlen sollte, ihm alle Geschäftspapiere zu übersenden und seine Entschlüsse darauf zu erwarten. Nach dem, was ich gesagt habe, muß die Wichtigkeit dieser Verfügung einleuchten.

Indessen kamen der Generaladjutant Warenstatt und der Courier des rußischen Ministers von Petersburg zurück. Man hatte kein Vertrauen auf die Verschwiegenheit des Erstern, man wuste auch, daß man ihm bei dem rußischen Hofe mit einer ungemeinen und sehr verdächtigen Höflichkeit begegnet hatte; er wurde daher gleich nach seiner Ankunft unter dem Vorwand, daß er unterwegs zu lange zugebracht und sich einige Tage zu Stockholm ohne Erlaubniß aufgehalten habe, in einen engen

engen Arreſt geſetzt, deſſen Bewachung einem vertrauten Officier mit dem Befehle übergeben ward, niemand mit ihm reden zu laſſen. Dieſe außerordentliche Maaßregeln thaten eine böſe Wirkung und man ſtreute über die Beſchaffenheit der rußiſchen Antwort Nachrichten aus, die ſehr mißlich lauteten. Der Hof führte, wie man es erwarten konnte, eine ganz andere Sprache und der Graf Ranzau, deſſen Gedanken immer der ganzen Welt zugehören, ſagte ganz laut und mit den prangenpen Ausdrücken einer ſtolzen Zufriedenheit, daß ſein Hof das zu ſeiner Schande zu lange getragene rußiſche Joch endlich abgeſchüttelt hätte. V. Es ſcheint jedoch, daß der rußiſche Hof ſeinem Miniſter keine Maaßregeln aufgegeben habe, um das, was geſchehen war, zu hintertreiben. Der Verſtand dieſes Miniſters war ſeit einiger Zeit in eine traurige Zerrüttung gerathen; ſein Hof gewährte ihm alſo die gebetene Entlaſſung. Er begehrte

vor

vor seiner Abreise eine besondere Abschiedsaudienz von dem Könige, aber sie wurde ihm abgeschlagen, und er erhielt zur Antwort, daß er den König nur in dem Apartement sehen, und sich dort von ihm beurlauben könnte. Er erwiederte dagegen, daß seine Gesundheit ihm nicht erlaube dort zugegen zu seyn, und er reisete ab, ohne von einer einzigen Person der königlichen Familie Abschied zu nehmen. Um diese Zeit wurde die Stelle eines Ministers der auswärtigen Geschäfte dem Grafen von Osten, der ausdrücklich dazu von Neapel, wo er die Stelle eines Gesandten bekleidete, zurückgerufen wurde, zu jedermanns Verwunderung anvertrauet. Man konnte diesen Schritt mit den Gesinnungen, die man im übrigen gegen den rußischen Hof zeigte, nicht wohl vergleichen, weil die Ergebenheit des Grafen von Osten für Rußland allgemein bekannt war. VI. Er that gleich nach dem Antritt seiner Stelle einen Schritt, woran man seinen

Charak-

Charakter vollkommen findet. Er wollte dem rußischen Hofe schmeicheln und doch bei der Parthei, die an dem seinigen die herrschende war, nicht mißfallen. Er sandte dem erstern eine Art von Vertheidigungsschrift über die bei seinem Hofe erfolgten großen Veränderungen zu, und führte sie mit einer sehr gekünstelten Beredsamkeit aus. Diese Schrift hatte ein besseres Schicksal zu Petersburg, als der Brief des Königs, und fand vielen Beifall. Es ist wohl zu vermuthen, daß der rußische Hof, dessen Stolz durch den Verfall seines Einflusses in die Angelegenheiten von Dännemark nicht wenig gekränkt worden, froh war, an dem König von Dännemark mit dieser kleinen Demüthigung sich rächen, und sich aus dieser ganzen Angelegenheit mit einem Schein von Ehre herausziehen zu können.

Man fügte auch der Gutheissung der Schrift des Grafen von Osten die Erklärung bei, tei, daß, so lange die Königin, der Graf Ranzau und Struensee ein entscheidendes Ansehn behalten sollten, der rußische Hof nie ein Vertrauen in die Gesinnungen des dänischen setzen würde.

Das Jahr 1770. endigte sich mit einer merkwürdigen Begebenheit, wodurch die damalige Regierungsform gänzlich verändert, die königliche Macht von allem der Königin und dem Struensee verdächtigen Einflusse befreiet und ihnen also eine entscheidende Gewalt in allen Angelegenheiten des Staats versichert wurde. Der geheime Staatsrath wurde durch eine förmliche königliche Acte vom 27ten des Christmonats, die der König mit eigener Hand ganz geschrieben hatte, aufgehoben und an dessen Stelle eine aus den Häuptern der verschiedenen Departements bestehende geheime Conferenzcommißion errichtet, deren Gewalt in die engsten Schranken gebracht wurde. Die Glieder

Glieder dieſer Commißion ſollten ſich nur zu gewiſſen Zeiten verſammlen; die weiteſte Bahn wurde ihnen in Anſehung der Berathſchlagung eröfnet, aber alle Gewalt zur Entſcheidung benommen. Sie erhielten keinen beſondern Titel, keinen anſehnlichern Rang, und keinen größern Gehalt, machten alſo eine Commißion aus, welche alles Anſehens und Einfluſſes entblößt war, und die man zu jeder Zeit ohne großes Aufſehen zertrennen und aufheben konnte. Es hatte aber mit der Abſchaffung des Staatsraths nicht die nehmliche Bewandniß gehabt. Dieſer Rath war immer das anſehnlichſte Corps der Nation geweſen; ihm gebührte nach der Capitulation Friedrichs III. der glänzende und weſentliche Vorzug, die Regierung des Staats, bei der Minderjährigkeit der Könige, mit den geſetzlichen Vormündern zu theilen. Er hatte auch immer die erhabenſten Begriffe von ſeinem Range gehegt; er hatte ſich im Herzen immer an die Seite

E des

des schwedischen Senats gesetzt; er betrachtete sich als das einzige Corps der Nation, welches dem für sie herabsetzenden Einflusse der großen Staatsveränderung vom Jahre 1660. allein entgangen war, glaubte, sie einigermaßen vorzustellen und den Mittler zwischen ihren Rechten und der königlichen Gewalt abzugeben. Er allein hatte das Vorrecht, in Angelegenheiten des Adels ein Urtheil zu sprechen; der dänische Adel war also, und nicht ohne Ursache, stolz auf sein altes Recht, in diesem Rathe zu sitzen. Er betrachtete dessen Abschaffung als eine Beleidigung seines Ansehns und seiner Vorrechte; er warf von diesem Augenblicke an die unwilligen Blicke des Mißvergnügens auf die Handlungen Struensees, welchem er bis hieher ruhig zugesehen hatte und schwur ihm eine unversöhnliche Abneigung. Diese Gesinnungen entstunden auch durch diesen Auftritt in dem Herzen eines Mannes, der in dem Fall des

Staats=

Staatsraths verwickelt wurde und sein ganzes Ansehen dadurch verlor. Dieser ist der Graf Ranzau, den wir einige Zeit an der Spitze der Parthei der Königin gesehen haben und der ihr diesen Undank nie verzeihen konnte.

Einige andere Maaßregeln wurden noch genommen, um diese Hauptverkehrung zu befestigen: man wuste den König noch zu bereden, daß er dem Struensee den Vortrag der Geschäfte anvertraute. VII. Der königliche Cabinetssecretair Pánning, der seine Stelle der Unterstützung der rußischen Minister zu danken hatte, bekam seine Entlassung; Warenstatt, der durch einige unvorsichtige Reden gegen den König in Verdacht gefallen war, wurde weggeschickt. Die Anhänger der vorigen Minister wurden allmählig und ohne Aufsehen aus den verschiedenen Collegien entfernt. Der Graf von Ahlfeldt, ein Mann von vielen Verdiensten, vom Hofe gefürchtet, vom

Volke geliebt, verlohr seine Stelle als militairischer Statthalter und wurde in der nehmlichen Eigenschaft nach Oldenburg geschickt; und der Obrist Eurne, ein Mann von dem man nichts zu besorgen hatte, als einstweiliger Commendant angestellt. Diese Einrichtungen vollführten nun das große Werk der Königin und des Struensee und verursachten eine gänzliche Umwerfung der dänischen Regierungsform.

Nun wurde alles von dem Könige, oder vielmehr von seinen Rathgebern entschieden; nun hatte die monarchische Gewalt allen Zwang abgeschüttelt, und war in den Händen derjenigen, die ihr die Richtung gaben: eine Macht, welcher nichts widerstehen konnte. Eine junge Fürstin von 20 Jahren, ein Mann von niedriger Geburt, einige junge Leute ohne Ansehen, hatten dieses große Werk unternommen und in einigen Monaten ausgeführt.

führt. — Ein auffallendes Beispiel des Charakters von Schwachheit und Unbestand, welcher den größten Werken der Menschen tief und unauslöschlich eingeprägt ist.

Nun war Dännemarks Schicksal ganz in den Händen des Struensee; aber er wird diese außerordentliche Gewalt nicht lange besitzen; ein donnernder Schlag wird sie ihm in einem fürchterlichen Augenblicke gewaltsam entreissen; aber in der kurzen Zeit, wo er solche behalten wird, werden seine mannigfaltigen Handlungen, die einen Bezug auf den Staat haben, neu, weitaussehend, erhaben, kühn und verwegen seyn. Wir müssen ihm nun darinn folgen, und nur noch vorher einige Blicke auf den damaligen Zustand des dänischen Reichs und auf den Plan werfen, welchen Struensee sich zu dessen Verbesserung ausgesonnen hatte. Dieser außerordentliche Mann konnte vieles anfangen, allein nichts

ausführen: wenn man also nur seine Staats‑
handlungen betrachtet, so dürfte man ihn blos
für einen muthwilligen, eigennützigen, absicht‑
losen und strafbaren Störer der allgemeinen
Ruhe eines Reichs ansehen, dessen Angelegen‑
heiten die entscheidende Richtung einige Zeit
von ihm allein erhielten. Ein solches Urtheil
über Struensee konnte vielen Unrichtigkeiten
unterworfen, mithin niemals würdig seyn,
den Beifall der Vernunft und der Billigkeit
zu erringen.

Die äußere Politik des dänischen Reichs
hatte seit langer Zeit ihre Richtung von dem
Einflusse der Höfe von Versailles und Peters‑
burg, und von der Lage der schwedischen Staats‑
angelegenheiten wechselsweise erhalten. Die
französischen Subsidien, das hollsteinische Aus‑
tauschungsgeschäft, die Besorgniß vor einer
gefährlichen Wendung der in Schweden ob‑
waltenden Gährungen, hatten die vorzügliche
Aufmerk‑

Aufmerksamkeit des dänischen Hofes auf sich gezogen. Frankreich hatte unter der Regierung Friedrichs V. die Oberhand erhalten, aber sein Einfluß war nach dieses Königs Tode gänzlich gefallen. Dännemark hatte eigentlich seine Freundschaft an diese Crone verkauft, und sie erkaltete, sobald die Bereitwilligkeit, sie länger zu bezahlen, aufhörte. Eine Verbindung mit dem rußischen Hofe trat an dessen Stelle. Diese stimmte besser mit den Gesinnungen des Grafen Bernstorf überein, der in den ersten Zeiten der Regierung des jetzigen Königs die Staatsangelegenheiten mit einem entscheidenden Einflusse verwaltete. In beiden Fällen hatten die am dänischen Hofe residirenden Minister dieser beiden Mächte ein Ansehen genossen, welches für die Würde des Königs herabsetzend war. Der französische Bothschafter Ogier, und die rußischen Minister, Saldern und Philosophow, waren gewohnt, daß ihnen nichts abgeschlagen wurde.

Die Bescheidenheit des Erstern, und die Neigung, die er für Dännemark hegte, gaben seiner Benehmungsart die gehörigen Schranken; aber diese waren dem Uebermuthe der beiden andern unbekannt; ihre Bitten waren Befehle, und eine stolze Drohung begegnete der mindesten Einwendung. Der junge Monarch hatte oft diese Demüthigungen lebhaft empfunden, und Bernstorf fand sie nicht selten erniedrigend für seinen Herrn; aber Rußland allein konnte ihn am Ruder des Staats erhalten, und ohne dessen Freundschaft muste Dännemark seinem Lieblingsprojekte entsagen.

In Betracht der innerlichen Politik war das Reich in einer traurigen Verfassung. Die Minister hatten zum Grundsatze genommen, den König von der Kenntniß der Geschäfte abzuhalten und ihm alle Neigung zur Arbeit zu benehmen. Der leichtsinnige Charakter des Monarchen begünstigte ihre Absichten

ten zu sehr, als daß sie ihnen nicht vollkommen hätten gelingen sollen. Der Einfluß in die Staatsgeschäfte war zwischen einigen Männern getheilt, die eben so viel Feinde unter sich waren. Einer trachtete den andern in seinem Ansehen zu übervortheilen, und da der König ohne persönliche Gewalt war, so entstund eine Art von Anarchie, welche die verderblichste Verwirrung in allen Berathschlagungen verursachte. Gunst und Intrigue waren die Wege zu jeder Stelle, zu jeder Belohnung, und die größten Verdienste musten ihnen weichen. Die Finanzen waren in der größten Unordnung; die übermäßigen Ausgaben des Hofes; die kostspielige Erhaltung von Fabriken, woraus kein Vortheil gezogen wurde; eine erzwungene Betreibung der Künste; Handelsunternehmungen, die unglücklich abliefen; die Verwendung großer Summen auf politische Projekte, welche der Verfassung des Reichs nicht gewachsen waren; und eine unge-

ungeheure Anzahl von Bedienungen, waren die Hauptquellen der herrschenden Unordnung. Das Volk war über die neuen Auflagen, noch mehr aber über die Anwendung derselben mißvergnügt; es brach in heftige Beschwerden aus, verlor alle Neigung zum König und sehnte sich mit Ungestüm nach einer Erholung von den Bürden, worunter es zu erliegen schien.

Struensee hatte die Blicke eines einsichtsvollen Staatsmannes auf diese Mängel der äußerlichen und innerlichen Politik geworfen und den weit aussehenden Entwurf gemacht, dieselbe von Grund aus zu verbessern. In Ansehung der Erstern gieng sein Plan vorzüglich dahin, seinen Hof von dem drückenden rußischen Einfluß zu befreien, ohne jedoch die Allianz dieser Macht zu verwerfen. Die Art, wie das holsteinische Austauschungsgeschäft betrieben wurde, und die verdrüßlichen Nebenumstände

umstände, worinn der rußische Hof den dänischen mit der einzigen Drohung, diese Unterhandlung abzubrechen, zu ziehen wuste, schienen ihm für seinen König lästig und erniedrigend. Er wollte dieses Geschäft, dessen Wichtigkeit für Dännemark er wohl einsah, nicht aus den Augen verlieren und es mit mehr Würde und Entschlossenheit fortsetzen. Er war vorsichtiger und bescheidener als Ranzau, und sagte nicht öffentlich, daß das rußische Joch ein Schimpf für Dännemark sey; auch war er muthvoller und festmüthiger als Bernstorf, und suchte jene herabsetzende Abhängigkeit in eine edle Nachgiebigkeit zu verwandeln, welche die Staatsklugheit anrieth, und wodurch der Würde des Reichs nichts vergeben ward.

Seine Maaßregeln entsprachen diesen weisen Grundsätzen. Es verbreitete sich, nicht ohne Schein der Wahrheit, das Gerücht, daß eine

eine rußische Eskadre nach Copenhagen segeln sollte; um den König zu Wegschaffung des Struensee zu nöthigen. Die schnellsten Vorbereitungen folgten dieser Nachricht. Drey Kriegsschiffe und zwo Fregatten wurden bewafnet und waren bald auf der Rhede. Kein rußisches Schiff erschien: und die dänischen giengen in den Hafen zurück. Diese entschlossene Gegenanstalt zeigte, daß die Grundsätze des dänischen Hofes sehr verändert waren. Struensee hegte in Betracht des rußischen Hofes Gedanken, die kein dänischer Staatsmann vor ihm zu äußern sich getrauet hatte. Der betrügerische Glanz desselben blendete ihn nicht, und er ließ sich durch den übermüthigen Ton, aus dem dieser Hof in den Geschäften zu sprechen pflegte, über den wahren Gehalt seiner Macht nicht irre führen. Er wuste, daß er durch den türkischen Krieg, durch die innerlichen Gährungen, durch andre große Staatsausgaben, und durch seine übermäßige

Prunk-

Prunk- und Prachtliebe selbst beinahe erschöpft seyn muste, und deshalb die Freundschaft der andern nordischen Mächte nicht so leicht aufs Spiel setzen könne. Die dänische Politik sollte nach diesem Grundsatze und nicht mehr nach der kleinmüthigen Besorgniß formirt werden, daß die Freundschaft Rußlands die einzige Zuflucht des dänischen Reichs wäre und alle andere Betrachtungen dieser aufgeopfert werden müsten. Auch in Absicht der schwedischen Angelegenheiten hegte Struensee weise und friedliche Gesinnungen. Diese waren, daß der Hof den mit Rußland eingegangenen hieher gehörigen Verbindungen getreu bleiben, den beunruhigenden Grundsatz, daß Schweden nothwendig Dännemarks Feind sey, in seine gehörigen Schranken zurückbringen, sich allmählig von der geschäftigen Einwirkung auf die innern Angelegenheiten dieses Reichs zurückziehen, besonders aber nicht mehr so beträchtliche Summen darauf verwenden solle.

Struen-

Struensee war auch der Meinung, daß man der Crone Frankreich mit der bisherigen abschreckenden Kaltsinnigkeit nicht mehr begegnen, sondern versuchen solle, ihr Wohlwollen durch ein freundschaftlicheres Benehmen wieder zu erwerben. Der französische und der schwedische Gesandte, Marquis de Plosset, und Baron von Sprengporten, waren auch diejenigen unter den fremden Ministern, die dem Struensee in der Zeit seiner Gunst die mehreste Achtung erwiesen; ja sie waren die einzigen, die in den sich bei ihm versammelnden Cirkeln der Höflinge erschienen. Uebrigens hatte Struensee den Grundsatz, daß ein König von Dännemark keinen andern Einfluß in die Angelegenheiten fremder Höfe suchen müsse, als denjenigen, welcher dem Handel seiner Unterthanen vortheilhaft seyn könnte, dagegen seine eigenen Geschäfte vom fremden Einflusse befreien und in der Versendung der Minister an auswärtige Höfe nicht eine eitle,

leonische

kronische Pracht, sondern den wahren Nutzen des Staats zu Rathe ziehen solle. Dieser ganze Plan zeigt von Einsichten und Kenntnissen, die eine verstockte Partheilichkeit allein verkennen wird.

Aber der andere Plan, den Struensee in Ansehung der innerlichen Politik des Reichs sich entworfen zu haben schien, trägt im Ganzen nicht das Gepräge einer solchen Vollkommenheit. Dieser hat viele Theile, die seinem Erfinder Ehre machen, allein auch einige schwache Seiten. Kein Wunder! hier hatten die menschlichen Leidenschaften eine viel freiere Bahn, hier kamen nicht immer der Ruhm des Monarchens, die Ehre des Staats, sondern nur zu oft der Eigennutz und das persönliche Ansehen ins Spiel.

Struensee war aber auch mit seinem Herrn in einem besondern Falle. Es gab keinen Mittelweg im Verfahren mit ihm:
man

man muſte ihn entweder gänzlich beherrſchen, oder jeder Unternehmung in den Staatsangelegenheiten entſagen. Rathſchläge waren bei ihm verloren: wer etwas in ſeinem Nahmen ausführen wollte, muſte es durch das Uebergewicht ſeines eigenen Anſehens erzwingen. In dieſer Lage giengen die Abſichten des Struenſee auf folgende Veränderungen: die endliche Entſcheidung in den Geſchäften ſollte dem Könige allein vorbehalten werden: der Vortrag ſollte ſchriftlich an ihn geſchehen, und ſeine Entſchlüſſe ſollten ebenfalls ſchriftlich erfolgen. Im Fall der König eine fernere Entwickelung eines Geſchäfts, als der darüber geſchehene Vortrag enthielt, verlangen würde, ſollte das Departement, wozu es gehörte, allein zu Rathe gezogen werden. Die Geſchäfte ſollten auch nach feſtgeſetzten Grundſätzen behandelt und abgethan werden. Die größten Projekte Struenſees betrafen das Finanzweſen. Die hauptſächlichſten darunter waren: die Bei-

behal-

behaltung nur eines einzigen Finanzcollegii;
die Verwerfung aller Projekte, die nicht unmittelbar auf Ersparung zielten; die Ergießung der königlichen Einkünfte in eine allgemeine Zahlcasse, damit der König den Bestand derselben besser übersehen könnte; die Erleichterung der Steuereinnahmen; die Verwandlung der gewöhnlichen Naturallieferungen in Geldabgaben, um den dabei vorfallenden häufigen Mißbräuchen abzuhelfen und die Arbeitsamkeit des Landmanns immer mehr zu beleben; die Verweigerung aller Unterstützungen zum Behuf der Fabriken und mercantilischen Unternehmungen, die sich ihrer Natur nach und in Rücksicht auf die Beschaffenheit des Landes, nicht wohl erhalten könnten; die Reduktion der übermäßigen Besoldungen und Pensionen; die Abschaffung vieler überflüßigen Ausgaben des Hofes; die Einstellung vieler Bauten und Verschönerungen an den königlichen Schlössern, und endlich die Festsetzung

F   einer

einer Taxe für jede Art von Ausgabe, die in einem Jahre nie überschritten werden sollten. Struensee hatte in Betracht des Justizwesens nicht minder wichtige Verbesserungen vor. Sie bestunden hauptsächlich in Verminderung der Gerichtshöfe und Feststellung des Grundsatzes, daß jeder, von welchem Stande er auch sey, in Ansehung der Gerechtigkeit als ein Bürger zu betrachten sey; in der Abschaffung der Sporteln und der Verkürzung der Prozeßordnung. Das Seewesen sollte im besten Stande erhalten, aber nicht vermehret werden. Auch bei dem Militär hatte sich Struensee gefährliche Reformen vorgenommen.

Die großen Absichten, welche dieser große Plan enthält, sind wohl gemacht, um das vortheilhafteste Licht über das Genie und die Fähigkeit Struensees zu verbreiten. Um diesen Mann, der durch ein so seltenes Schicksal eine so glänzende als kurze Rolle auf der

Bühne

Bühne des dänischen Staats zu spielen bestimmt war, so genau als möglich zu kennen, müssen wir ihn nun auch auf seiner schwachen Seite betrachten; diese zeiget sich in einigen Nebengrundsätzen, welche er dem Könige über die innerliche Politik seines Reichs beigebracht hatte. Man findet darinn viele Züge, welche seinen Charakter, die Wendung seines Ehrgeizes und seine persönlichen Absichten verrathen. In Ansehung des Adels stellte er dem Könige vor, daß es schädlich sey, viele Personen, unter der Hofnung ihr Glück zu machen, nach Hofe zu ziehen, weil die Edelleute ihr Vermögen durch einen kostbaren Aufenthalt in der Hauptstadt bald erschöpften, kein Geld in den Provinzen bliebe und die königlichen Cassen endlich den Verlust davon tragen müsten. Er suchte den Monarchen ferner zu überzeugen, daß es für ihn und diejenigen, denen er die Vollziehung seiner Befehle anvertraue, sicherer sey, wenn der Adel zerstreut

F 2   und

und ländlich beschäftigt auf seinen Gütern lebe, als wenn er sich in der Stadt gleichsam zusammenrottete und sich in seinem Müßiggange mit muthwilliger Prüfung der Maasregeln der Regierung unterhalte. VII. Er wollte ferner, daß man die jungen Edelleute gewöhnte, sich von der untersten Stufe bis zu den höhern Bedienungen empor zu arbeiten, und sich nicht blos durch ihre Geburt, oder durch das Ansehen ihrer Verwandten zu Ansprüchen auf höhere Stellen berechtigt zu glauben. Er hatte auch im Sinne, alle Anwartschaften auf Bedienungen, alle Freiheiten, welche die Rechte der Unterthanen beleidigten, alle Titel ohne Amt, alle Vorzüge ohne Bedienung, abzuschaffen. Auch suchte er den König dahin zu bringen, daß er in Besetzung der Bedienungen keine Rücksicht auf die Bittschriften und besondern Empfehlungen haben, sondern sich diesfalls auf den Vorschlag der verschiedenen Departements gänzlich verlassen sollte. Diese

weitaus-

weitaussehende und sich auf eine besondere Art
blos auf den Adel beziehende Besorgniß, zeigt
in Struensee einen Mann, der wenig Zu-
trauen zu sich selbst hatte, und fähiger war,
große Projekte zu entwerfen, als auszuführen.
Ein Staatsmann zeigt sich auf seiner schwachen Seite, wenn er eine Furcht vor der Classe
seiner Mitbürger, die seine Handlungen mit
Einsicht erwägen können, an sich wahrnehmen
läßt. In den Händen eines weisen Regenten und eines klugen Ministers, müssen die
Dienste des Adels dem Staate die vornehmsten Stützen und nicht ein Gegenstand einer
unedlen Besorgniß seyn. Struensee drang
bei dem Könige auf die Abschaffung aller
Pracht in der Hauptstadt, hingegen auf die
Aufmunterung der Künste und der Arbeitsamkeit. Er wollte, daß man sich bemühete, den
Fremden und den Einheimischen das Leben so
angenehm als möglich zu machen, um die be-
mittelten Fremden anzulocken. In Ansehung

der öffentlichen Sitten hatte er Grundsätze, deren Befolgung sehr bedenklich und in einem Lande, wo die Nation der äußerlichen Ordnung gewohnt ist, so befremdlich als verderblich gewesen wäre. Er wollte in diesem Betracht allen Zwang der Polizeigesetze abschaffen, weil er den Grundsatz hatte, daß es wider die natürliche Freiheit der Menschen wäre, ihren moralischen Handlungen, welche keinen unmittelbaren Einfluß auf die Ruhe und die Sicherheit der Gesellschaft haben, Schranken setzen zu wollen. So denken alle diejenigen, die den Einfluß der Moralität auf das Wohl des Staats nicht reif genug erwägen, die ihre Grundsätze weder von der Vernunft noch von der Tugend entlehnen, und unter dem falschen Schein von Ehrfurcht für die Rechte der Gesellschaft, der äußersten Unordnung Thür und Thor öfnen.

Der flüchtige Blick, welchen wir jetzo auf die Absichten des Struensee geworfen haben,

ben, war schon hinreichend, um deren Größe und Gefährlichkeit einigermaßen zu übersehen: wir müssen ihm nun in der Ausführung derselben folgen. Der Anfang seiner Wirksamkeit wird glänzend, aber dieser Glanz wird nicht von Dauer seyn. Eine Reihe von wichtigen Fehlern wird bald seine besten Plane vereiteln und seinen Feinden alle Mittel zu seinem Verderben in die Hände geben. Die Gattung von Verstand, welche Struensee besaß, scheint den Keim dieses Unglücks in sich getragen zu haben. Die Natur hatte ihm viel Genie und viel größere Einsichten gegeben, als er nach Verhältniß des Zustandes der Wissenschaften und der Kenntnisse in Dännemark nöthig hatte, um die Angelegenheiten dieses Reichs zu verwalten. Er kannte die Menschen gut und verstund die Kunst der Verstellung. Es fehlte ihm keine von diesen Eigenschaften, welche eine lange Theorie einem gesunden und zum Denken geübten Verstande geben

geben kann; allein er besaß nicht jene, welche man nur durch die Hülfe einer langen Erfahrung, ja selbst oft durch Fehltritte erwirbt. Der Mann von Theorie entwirft die besten Projekte; aber der Mann von Erfahrung kann allein urtheilen, ob deren Natur mit den Umständen des Ortes, der Zeit, und der Personen übereinstimmen. Wie, wäre Struensee nicht in dem Falle des erstern gewesen? Seine Emporbringung war eines von diesen Wunderwerken des Glücks, dessen Schnelligkeit ihm nicht Zeit genug ließ, sich zu der Höhe, zu der es ihn emporhob, vorzubereiten; überdies geschah diese Erhebung auf einer Bahn, worauf diejenigen, die am meisten darinn bewandert sind, noch bei jedem wichtigen Schritte Beschwerlichkeiten und Gefahren finden. Struensee zeigte auch in allen seinen Handlungen, daß er die Gewalt des Vorurtheils über die Menschen nie reif überwogen hatte, eine Gewalt, die oft der kleinsten Unternehmung

mung. so große Hinderniſſe in den Weg legt, beſonders wenn es um einen Gegenſtand zu thun iſt, welcher eine ganze Nation betrift. Er hatte nie erwogen, daß es Vorurtheile giebt, die mit leichter Mühe umgeſtoßen werden; andere, welche die größte Vorſichtigkeit, die feinſten Mittel zu ihrer Ausrottung erfordern; andere endlich, die zu dem Weſen einer Nation gehören, die ihr heilig ſind und nie ohne die äußerſte Gefahr angegriffen werden können. Dieſe Unerfahrenheit und ſeine übermäßige Ehrbegierde wurden die Quellen ſeines Unglücks. Er hatte die beſten Grundſätze, allein es fehlte ihm an der wahren Kunſt ſie auszuführen.

Die erſten Staatsunternehmungen Struenſees nach der Ausführung des großen Projekts, wodurch er die königliche Gewalt von allem andern Einfluſſe, als jenem der Königin und dem ſeinigen, befreiet hatte, betrafen die

F 5 Finan-

Finanzen. Die Nothwendigkeit, eine klügere Wirthschaft, als die dermalige, bei Hofe und im ganzen Reich einzuführen, war dringend; man gieng darinn mit so vieler Kühnheit als Einsicht zu Werke. Die Besoldungen der Hofbedienten erlitten alle eine Veränderung; die meisten Pensionen wurden herunter gesetzt, und viele davon gänzlich aufgehoben. Der Obristmarschall Graf Friedrich von Moltke, einige Hofdamen und Pagen erhielten ihre Entlassung. Die Anzahl der Bedienten und Stallleute wurde vermindert. Man nahm den Canzleien die Sporteln und schlug sie zur königlichen Casse. VIII. Die Collegia der Admiralität und der Finanzen, des Zolls und des Commerzes, wurden abgeschafft und in eine einzige Commißion zusammengeschmolzen. Man setzte durch einen Cabinetsbefehl vom 3ten April 1771. den Stadtmagistrat ab, und errichtete an dessen Stelle zwei Bürgermeisterstellen. Die Versammlung der 32 Männer ger wurde durch den nämlichen Befehl aufgehoben. IX. Die Freiheiten der fremden Gesandten erlitten eine große Einschränkung; die Leibwache zu Pferde wurde abgedankt; sie bestund aus mehr als 300 Mann von der schönsten Gestalt; ihre Officiers wurden unter andere Regimenter gesteckt, die Soldaten aber blieben ohne Dienst, weil sie in einem andern Corps durchaus nicht dienen wollten. Dreyhundert Dragoner ersetzten diese Wache. X. Die Anzahl der Pferde, die zu den Stutereien behalten werden sollten, wurde auf hundert bestimmt; die andern wurden einige Zeit darauf alle verkauft und man zog nur 30,000 Thaler daraus. XI. So viele und so beträchtliche Reformen setzten nothwendig eine Menge Leute außer Brod. Dergleichen Verfügungen sind immer sehr hart, und ein Staat ist zu bedauern, wenn er nur mit der Kränkung vieler seiner Glieder das Heil der ganzen Gesellschaft erkaufen kann.

Ein

Ein anderer Umstand vermehrte noch für Copenhagen das Drückende dieser Reform. Eine außerordentliche und sehr lange anhaltende Kälte verursachte eine entsetzliche Theurung; das Meer war von allen Seiten gesperrt; die Zufuhr der Lebensmittel überall gehemmet; man hörte nichts als die Klagen des hülflosen Elends; man sah nichts als die traurigsten Scenen des Jammers. Zum Troste der Nation und zur belebenden Aufmunterung des ganzen Staats gieng zu gleicher Zeit eine herrliche Sonne über die Landleute auf. Die Frohndienste, diese unselige Bürde, deren ganze Last auf dem arbeitsamsten und wichtigsten Theil der Nation immer beruht, wurden beinahe gänzlich abgeschafft. Die Grundstücke der Bauern wurden ihnen zur Bearbeitung für eigene Rechnung überlassen und die Frohndienste in mäßige Schranken gebracht und festgesetzt. Der Anfang wurde auf den Domänen des Hofs gemacht und dieses heilsa-

me

ſme Beiſpiel wurde bald in einigen Herrſchaften befolgt. Die hieher gehörigen Verordnungen wurden mit ſo viel Mäßigung, mit einem ſo glücklichen Gleichgewichte zwiſchen den Rechten der Eigenthümer und den Befugniſſen der Landleute gefaßt, daß einige Zeit nach deren Verkündigung verſchiedene Gemeinden, die menſchenfreundlichen Herren zugehörten und das Geſetz wegen der Neuheit mit großen Freuden aufbringen ſahen, dem dadurch erworbenen Rechte dennoch entſagten und ſich der Willkühr ihrer Herren von neuem überlieferten. Die andern aber, deren Herren ihr Vertrauen nicht verdienten, fanden einen Schutz in dem neuen Geſetze, worunter ſie vor ihren Erpreſſungen ſicher ſeyn konnten. Die Landleute ſahen in dieſen heilſamen Anſtalten die glückliche Vorbedeutung einer gänzlichen Abſchaffung der Leibeigenſchaft. Die Abſichten des Struenſee giengen auch auf dieſes menſchenfreundliche Werk, aber die häufi-

gen

gen Beschwerden der Grundherren verhinderten damals dessen Ausführung. Der Ruf dieser großen Verfügungen wurde bald überall verbreitet. Sie wurden in fremden Landen desto eifriger gelobt, weil man dort ihren Werth nur nach dem allgemeinen Nutzen, der daraus für den dänischen Staat entstund, in Erwägung zog. Bei solchen Hauptveränderungen wirkt die Betrachtung der einzelnen Vortheile nur auf die Gemüther, die sich in deren Umfange befinden. Struensee erwarb also einen ausgebreiteten Ruhm dadurch. In den ersten Zeiten dieser wichtigen Unternehmungen hatte sich Struensee genöthigt gesehen, die Entlassung des königlichen Cabinetssecretairs Schumacher von dem Könige zu begehren und hatte sie erhalten. Dieses fiel jedermann auf; man klagte laut darüber und man schrie über Ungerechtigkeit und nicht ohne anscheinende Ursache; denn Schumacher war für einen Mann von Ehre, von Talenten und

Verdien-

Verdiensten allgemein bekannt. Er hatte auch einen ruhigen Geist, und schien mit seinem Stande vergnügt zu seyn. Man konnte also die Ursache nicht begreifen, warum Struensee ihn um diese Stelle gebracht hatte. Diese Befremdung entstand aus der Ungewisheit über den wahren Anlaß zu seiner Ungnade. Wenige Personen haben diesen auch nach der Revolution erfahren, aber die Umstände waren wohl so beschaffen, daß sie den Struensee zu einem solchen Schritte veranlassen musten. Wir haben bereits gesehen, mit welchen bedenklichen Unternehmungen er seine Verwaltung angefangen hatte; die dazu nöthigen Befehle wurden alle in dem Cabinet des Königs abgefaßt, und von da den Departements zur Besolgung unmittelbar zugesandt. Um allen Gegenvorstellungen und Schwierigkeiten zu entgehen, hatte Struensee die Vorsicht angerathen, daß niemand etwas von solchen Befehlen vor ihrer Bekanntmachung erfahren sollte.

Diese

Diese Absicht mißlung aber immer in den ersten Zeiten und der Schuldige wurde bald entdeckt. Dieser war ein Commis, auf welchen Schumacher sein ganzes Vertrauen gesetzt hatte und dem er seine Arbeit oft überließ, weil es ihm bei seinen vielen Beschäftigungen entweder wirklich an Zeit, oder vielleicht auch an anhaltendem Fleiße fehlte. Dieser Mann verrieth alles; er wurde gestraft und weggeschickt, der Secretair erhielt seine Entlassung und muste alle seine Papiere an Struenseen aushändigen.

Die Zurückberufung des Grafen von Saint Germain, aus seinem dunklen und ruhigen Aufenthalte zu Worms, war auch eine Folge von Struensees ökonomischen Planen. Jedermann glaubte, daß er dabei die Absicht hätte, den Grafen bei dem Kriegsrathe wieder anzustellen, um das Gleichgewicht wider das darinn entscheidende Ansehn des Grafen

Ranzau

Ranzau zu halten; aber man betrog sich: Saint Germain hatte bei seiner Entlassung aus den dänischen Kriegsdiensten im Jahre 1768. eine lebenslängliche Pension von 7000 Thalern mit der Erlaubniß erhalten, selbige zu verzehren, wo er nur wollte. Er durfte auch in die Dienste einer andern Macht treten und war nur verbunden nach Dännemark zu kommen, wenn man ihn zurückrufen sollte. Struensee that es, in der Vermuthung, daß der Graf es verbitten und vielleicht einen grossen Theil seiner Pension aufopfern würde, um davon befreiet zu werden; aber Saint Germain der damals keine andern Aussichten hatte, erfüllte diese Erwartung nicht, und kehrte nach Copenhagen zurück; man bezeigte ihm zwar viele Gnade bei Hofe, aber angestellt wurde er bei dem Kriegswesen nicht. Seine einzige Zuflucht, um sich eine Art von Ansehen zu geben, war eine anhaltende Bemühung, sich die Freundschaft des Struensee zu erwerben.

ben. Er war auch unter den Rittern des Elephantenordens, die in Dännemark sehr angesehen sind, der einzige, der ihm mit ausgezeichneter Aufmerksamkeit in der Zeit seiner ministerialischen Verwaltung Cour machte.

Es hatten sich indessen einige Umstände bei Hofe ereignet, welche zur Ergänzung des Gemähldes dieser merkwürdigen Zeiten nothwendig gehören. Der Geburtstag des Königs war durch die Errichtung des Mathildenordens gefeiert worden: Niemand als diejenigen, welche die vorzüglichste Gunst des Hofes genossen, hatten solchen erhalten. Der Freiherr von Schimmelmann hatte bei dieser Gelegenheit ein prächtiges Freudenfest in seinem Hause gegeben, welches die junge Königin unter ihrem gewöhnlichen Gefolge mit ihrer Gegenwart beehrt hatte. Der General-Adjutant Falkenschiold, ein eifriger Anhänger des Struensee, erhielt das dänische Leibregiment.

regiment. Der Hof hatte sich, sobald die Witterung es erlaubte, nach dem Schlosse Hirschholm begeben; Brandt, der Leibarzt Berger, und einige Vertraute, waren ihm dahin gefolgt. Diese musten beständig um den König seyn, und jeden Verdächtigen von ihm sorgfältig entfernen. Dieser junge Fürst vergaß immer mehr den Anstand, zerstreute sich mit Belustigungen, die weit unter ihm waren, blieb um alles, was bei seinem Hofe geschah, äußerst unbesorgt und seine Gemüthskräfte schienen immer mehr abzunehmen. Die Frauen von Göhler und Schimmelmann, der Gemahl der erstern, die Hofdame von Euben, der Obrist Falkenschiold hatten die Ehre, die gewöhnlichen Gesellschafter der Königin zu seyn. Struensee theilte seine glücklichen Stunden zwischen der Besorgung seiner Arbeit, dem reizenden Umgange der Königin, und der Erziehung des Kronprinzen; er hatte seinen ältern Bruder, einen sehr geschickten Mann,

der die Meßkunst auf der preußischen Ritterakademie zu Liegnitz lehrte, und sich durch ein sehr gutes Werk über die Befestigungskunst bekannt gemacht hat, zu sich gerufen und ihn als Deputirten bei dem neuen Finanzcollegium angestellt. Sein jüngster Bruder hatte auch eine militairische Stelle durch seine Unterstützung erhalten. Ein andrer Umstand und der wichtigste von allen hatte sich indessen ereignet: die Königin kam am 7ten des Heumonats mit einer Prinzeßin nieder. Struensee hatte ihr mit dem Leibarzt Berger bei der Niederkunft geholfen, und keine andere Aerzte als sie, wurden nachher zu ihr berufen. Dieses gab den muthwilligen Reden und Anmerkungen, womit man sich schon lange unterhielt, ein neues Leben, und sie waren um so bedenklicher, da sie, wie man es vernahm, zu Friedensburg, wo die verwittwete Königin und der Prinz Friedrich ihren Hof hielten, oft gehöret wurden. Dort konnten sie nicht mehr
die

die Eigenschaft einer unbedeutenden Satyre, worüber man sich leicht erhebt, behalten; dort wurden sie von Personen wiederholt und geschärft, welche sie nur zu gern hörten und in deren Hände sie zu gefährliche Waffen werden konnten; dort waren sie nicht mehr die wirkungslose Unterhaltung einer ohnmächtigen Menge, sondern konnten zu den bedenklichsten Maaßregeln Anlaß geben. Wie gegründet war diese Besorgniß! Wie glücklich wär' es für die junge Königin gewesen, wenn sie diese zur Richtschnur ihrer Handlungen genommen hätte! Diese Fürstin hatte noch andere Ursachen, sehr unruhig zu seyn. Selbst um sich herum, selbst unter ihren Dienerinnen hörte sie Reden, welche ihr sehr verdächtig vorkamen. Alles machte sie besorgen, daß das Geheimniß ihres Herzens errathen worden wäre. Sie zitterte, sie traute sich selbst nicht mehr, sie glaubte sich nicht mehr fähig, es in sich allein zu verschließen; sie besorgte, daß

G 3 man

man Furcht in ihr wahrnehmen und diese zu ihrem Nachtheil auslegen möchte. Sie suchte ein andres Herz, worinnen sie ihre Angst ergießen, worinn sie diese gleichsam vor der ganzen Welt verbergen könnte, sie prüfte ihre Freundinnen und glaubte endlich eine Vertraute unter ihnen gefunden zu haben. Diese Vertraute war das Fräulein von Euben eine von ihren Hofdamen. Mit der heißen Ergießung eines von Gefühl überströmenden Herzens, mit der rührenden Unruhe eines für ihre und eines geliebten Mannes Sicherheit beunruhigten Gemüths, eröfnete sie dieser Freundin ihr Mißvergnügen über die bedenklichen Reden welche sie hörte und über die Gerüchte, welche man ihr hinterbrachte; sie verbarg ihr nicht, wie sehr sie die Folgen dieser Nachreden fürchtete; sie bat sie sogar, ihre wankende Standhaftigkeit in diesen ängstlichen Umständen zu unterstützen. Diese hörte die Königin mit der sorgvollesten Theilnehmung an, an, suchte diese liebenswürdige und sich so sehr herablassende Fürstin zu beruhigen und schwur ihr eine unverbrüchliche Treue und Verschwiegenheit.

Unterdessen blieb die Königin Juliane nicht ohne Nachricht von der Unruhe, welche zu Hirschholm herrschte; sie ließ jedoch nichts an sich merken und nahm mit allem Scheine der Freundschaft die an sie ergangene Bitte an, die neugebohrne Prinzeßin aus der Taufe zu heben. Dieses verminderte die Unruhe der jungen Königin; aber es war nicht hinreichend ihr selbige ganz zu nehmen. Sie eröfnete diese dem Struensee, der ihre Angst mit der einsichtsvollesten Ergebenheit erwog und sie aus diesem Grunde billigen muste. Er stimmte seine Aufführung nach den Umständen und enthielt sich des Umgangs der Königin. Aber dieses weise Benehmen schlummerte von beiden Seiten mit den Gerüchten ein, die es veranlaßt hatten. Die ermüdete Bosheit schwieg, die beruhigte Vorsicht verschwand und das ungeduldige Gefühl lebte von neuem wieder auf. Unter dieser Zeit war der neue Gesandte des englischen Hofes, der Herr von Keith, zu Kopenhagen angekommen.

Ich komme nun zu dem ersten wichtigen Fehltritte Struensees, zu dem unglücklichen Augenblicke, wo er durch einen unbesonnenen Ehrgeitz verblendet, des vollkommensten Glücks, weil es ruhig war, weil es ihm dunkel schien, überdrüßig wurde, sich dem verläßigen Schutze eines Standes, welchen niemand beleidigte, thöricht entriß und sich zu einer Sphäre erhob, zu welcher ihm die Blicke des Neides und des Unwillens giftig verfolgten.

Er hatte bis zu dieser Zeit der ganzen Maschine des dänischen Staats ihre Richtung gegeben; er hatte es mit Einsicht und Ruhm gethan.

gethan. Seine Begierde größer zu werden zeigte, daß er nicht fähig war, seine wahre Größe in sich selbst zu finden. Struensee wurde in den Adelstand erhoben und erhielt den gräflichen Titel, welcher zu gleicher Zeit auch dem Herrn von Brandt, seinem Freunde, ertheilt wurde. Dieses konnte seinen Ehrgeitz nicht befriedigen; er wollte einen Titel haben, der seinem großen Ansehen entspräche; keiner derjenigen die bis hieher üblich gewesen, konnte das, was er wirklich war, eigentlich ausdrücken; man erfand also eine neue Ehrenbenennung, und er wurde durch einen Cabinetsbefehl vom 14ten des Heumonats zum geheimen Cabinetsminister erklärt. Die außerordentliche Gewalt, welche der König ihm dabei gab, war so neu, als sein Titel. Er wurde bevollmächtiget, alle mündlichen Befehle seines Herrn, nach seinem eigenen Willen aufzusetzen, selbige auch ohne die königliche Unterschrift, unter dem geheimen Cabinetsbinetssiegel an die Departements auszufertigen, und diese erhielten den Tag darauf durch die eigene Hand des Königs den ausdrücklichen Befehl, solche in allen Stücken zu befolgen, wofern keine königliche Verordnung dawider vorhanden seyn möchte, in welchem Falle die Departements ihre diesfalßige Vorstellungen dem königlichen Cabinet zuschicken sollten. Der Monarch übertrug auch seinem neuen Minister die Ausfertigung aller Befehle, welche auf die Vorstellung irgend eines Collegiums an ein anderes zu ertheilen wären. Die Ausfertigung und die Mittheilung eines Befehls von Seiten eines Collegiums an ein anderes, wurde verboten. Der Minister sollte dem Könige alle Wochen einen Auszug der von ihm ausgefertigten Cabinetsbefehle zur Genehmigung vorlegen. Dadurch erhielten sie die nämliche Gültigkeit, als wenn der Monarch sie wirklich unterschrieben hätte. Wie unbedachtsam waren solche Verfügungen,

von

von Seiten des Königs und seines Ministers! Der zerrüttete Verstand des Monarchen konnte zwar zu jedem Fehltritt ohne Mühe verleitet werden, allein die Unbesonnenheit des Staatsmannes ist auffallend. War dieses nicht eine so überflüßige, als unbescheidene Art, der ganzen Nation das Geheimniß des königlichen Cabinets aufzudecken und sie ohne Vortheil zu beleidigen? Konnte diese Einrichtung das Ansehen, die Gewalt und den Ruhm des Ministers vermehren? Wär es nicht eine öffentliche Herabsetzung der königlichen Gewalt und zugleich von ihrer Seite der gefährlichste Eingriff in die Gerechtsame der ganzen Gesellschaft, welche alle ihre Macht in die Hände ihres Oberhaupts gelegt und sich ihm gänzlich anvertrauet hat, allein den Gedanken, daß ein anderer dieses erhabene Vorrecht genießt und mißbraucht, nie geduldig ertragen kann? Wie sehr fiel Struensee dadurch bei den vernünftigen Beobachtern seiner Handlungen! Die

Verblen-

Verblendung hatte die Stelle der Einsicht, und die Verwegenheit die Stelle der Staatsklugheit eingenommen!

Ein anderer wichtiger Fehler folgte diesen bedenklichen Auftritten. Der ruhmsüchtige Struensee wollte seinen Nahmen in ganz Europa so sehr verbreiten, als er solchen in Dännemark erhoben hatte, und glaubte, daß die Ertheilung einer unumschränkten Preßfreiheit ein sicheres Mittel dazu wäre. Er folgte darinn dem Glanze theoretischer Grundsätze, deren weiten Umfang er zu wenig überlegt hatte, und deren Gefahr er nicht kannte. Er sahe darinnen die Erweiterung der Kenntnisse, die Emporbringung der Wissenschaften, die Aufmunterung des Genies, die Belehrung einer ganzen Nation; er sahe sich zum voraus als den Urheber aller dieser Wunderwerke an, und glaubte seinen Namen dadurch allein zu verewigen. Die gewöhnlichen Beobachter

beurtheil-

beurtheilten diese Handlung auf ganz ähnliche Art. Sie sahen mit Erstaunen die Freiheit aus dem Schooße der Gewalt entstehen; sie erhoben das Gesetz und den Nahmen seines Urhebers über allen Ausdruck; Struensee ward in ihren Augen der Schutzgeist der dänischen Nation! Hätte er nicht billiger für einen kurzsichtigen Staatsmann gehalten werden sollen, der seinen eigenen Vortheil einer unbedeutenden Eitelkeit muthwillig aufopferte? Ich gehe hier nicht in eine Betrachtung des Werths oder Unwerths der Preßfreiheit ein; ich sehe sie in jeder Zeit und in jedem Lande für sehr bedenklich an; ich glaube, daß sie immer unnöthiger wird, weil der menschliche Verstand sich mehr durch eine klugbeschränkte Ausspendung der Kenntnisse, als durch eine zu sehr gewagte Erweiterung seiner Einsichten aufklärt, und die Vernunft die Stelle der Vorurtheile mit Hülfe der Erfahrung immer vertritt. Uebrigens werden Religion, Sit-

tenlehre

tenlehre und Staatsklugheit, welchen es allein
gebühret, die menschlichen Handlungen zu
bestimmen, sich nie über diesen Punkt mit der
heutigen sogenannten Weltweisheit vergleichen. Ich betrachte hier die Einführung der
Preßfreiheit nur in Ansehung der Umstände,
worinn der dänische Staat, der Hof und
Struensee selbst sich befanden, da er dieses
merkwürdige Gesetz aufbrachte.

Alle drei befanden sich in einer Crisis, die
man aus demjenigen, was ich erzählt habe,
genugsam ermessen kann; und unter solchen
Umständen erlaubte Struensee jedermann seine Gedanken darüber ohne Furcht zu eröfnen?
Wer konnte dadurch einer größern Gefahr, als
er, der Urheber dieser allgemeinen Gährung,
ausgesetzt werden? Es war damals die Zeit
noch nicht gekommen, wo er hätte wünschen
sollen, daß die Dänen die Natur seiner Staats-
verwaltung erwägen und die Geheimnisse seiner

mer Absichten ergründen sollten. Er setzte
seine Gewalt Angriffen aus, deren Wirkungen er im voraus nicht bestimmen konnte.
Er bedachte nicht, daß der genaueste Zusammenhang die verschiedenen Classen der Bürger verbindet; daß die Bewegungen der nie-
trigsten nicht ohne Wirkung auf die erhabensten bleiben; er überdachte nicht, wie viel
neue Feinde er wider sich aufreitzte; er wuste,
daß die Anzahl derselben schon so groß war,
wie durfte er nun eine Mäßigung von ihrer
Seite erwarten; würde diese von ihnen vergessen, so muste er entweder das neue Gesetz
ganz abschaffen und seinen Fehltritt öffentlich
bekennen, oder sich über alles hinaussetzen
und also die Freiheit seiner Feinde reitzen, ihre
Anzahl vermehren und ihnen selbst die Waffen
wider sich in die Hände geben. Struensee
empfand bald die unangenehmen Wirkungen
seiner Unvorsichtigkeit: jeder Tag sah neue
Schmähungen und neue Satyren wider ihn
entstehen;

entstehen; er verachtete sie, er gab sich sogar die Mühe nicht, die Namen ihrer Verfasser in Erfahrung zu bringen. Ein anderer Fehltritt, nicht minder unüberlegt als der erstere! Man merkte es und nun hatte der Muthwille seiner Feinde keine Schranken mehr: sie ergossen ihren lange verbissenen Zorn in die bittersten Schmähschriften; ihre Tollkühnheit gieng so weit, daß der König und die Königin selbst auf das verwegenste darinn angegriffen wurden; die königliche Würde, die man weit heruntersetzte, ward für die Nation ein Gegenstand des Hohns und der Verachtung. Das Uebel war auf das äußerste gebracht, die äußersten Mittel mußten es verbessern. Die schärfsten Strafgesetze wurden wider die Verfasser solcher Schmähschriften verkündiget und die ernsthaftesten Anstalten zur Entdeckung der Schuldigen gemacht. Man erschrack; alles trat wieder in alte Ordnung, und eine vollkommene Stille schien dem heftigsten
Sturme

Sturme zu folgen; allein es war zu spät und der Schlag war angebracht; die einmal aufgeregten Gemüther blieben wider Struensee erbittert; die allgemeine Aufmerksamkeit war zu sehr gespannt worden, als daß sie hätte nachlassen können. Seine Bewunderer erkalteten und seine Anhänger wurden mißtrauisch und furchtsam. Das Volk hatte sich gewöhnt, seinen Nahmen und seine Gewalt zu verachten; alles dieses hatte seine Lage sehr bedenklich gemacht. Das Vorurtheil war nun wider ihn, er brauchte mehr als jemals die ganze Stärke seiner Seele, und diese schien ihn gerade jetzt zu verlassen.

Man merkte dies nur zu sehr, bei einer bedenklichen Ereigniß, die sich gegen Ende des Herbstmonats zutrug. Dreihundert Matrosen waren aus Norwegen zu einer Unternehmung, welche man seit langer Zeit wider die Republik von Algier vorhatte, berufen worden.

den. Nach den vorhandenen Gesetzen werden die Seeleute nur von dem Tage ihrer Einschiffung an besoldet. Diese waren nun seit sechs Wochen zu Copenhagen und erhielten nichts von der Admiralität: ohne Arbeit, ohne Besoldung geriethen diese Leute bald in einen Mangel an allem Nothwendigen; ihr Elend, ihre Klagen, ihr Ungestüm, nichts konnte ihnen Hülfe verschaffen. Sie sahen endlich, daß nichts als ein gewaltsamer Entschluß sie retten könnte; sie verschworen sich zusammen und schickten eine große Anzahl aus ihrem Mittel nach Hirschholm, wo der Hof sich aufhielt, bei dem Schwure, mit Hülfe oder mit Rache zurück zu kommen. Die Verschwornen giengen mit einem drohenden Muthe aus der Hauptstadt; man getraute sich nicht, sie aufzuhalten; nur vor ihnen her flog eine Nachricht ihres Aufruhrs nach Hofe; der König war mit der Königin auf der Jagd; ein Generaladjutant empfängt die Mißvergnügten, und

und befragt sie um den Anlaß ihrer Beschwerden. "Wir wollen zu unserm Vater!" (so nennen die Norweger ihren König) rufen sie einstimmig, "der muß uns anhören und helfen." Es traten Dragoner hervor; dieser Schein von Macht, welcher Widerstand und nicht Gnade versprach, erregte ihren Zorn noch mehr; sie zeigen Waffen, einen unerschrockenen Muth und drohen mit Gewalt: Der Officier begegnet ihnen mit bescheidener Standhaftigkeit, besänftigt sie, und bringt sie durch dieses Betragen zum Vortrage ihrer Beschwerde. Die Erklärung war kurz und stolz; er nimmt sie mit Anstand und Güte an, verspricht ihnen was sie begehren, und bewegt sie nach der Stadt zurückzukehren. Das gegebene Wort wurde gehalten und die Ruhe völlig wieder hergestellt. Das Betragen des Struensee hierinn hätte allen Beifall verdient, wenn er den König dahin gebracht hätte, nach dieser Handlung der Gnade, welche die Vorsichtigkeit anrieth, eben so viele Größe und Gerechtigkeit zu zeigen. Die Seeleute hatten gefehlt, und das Gesetz war gegen ihren Fall zu hart; ein ernsthafter Verweiß und eine mildere Verordnung hätten die Würde des Königs gerettet und seine Güte gezeigt, allein der Minister handelte hier nach ganz andern Grundsätzen. Das Gesetz erlitt keine Veränderung und der Contreadmiral Rhumor wurde mit der Entsetzung von seiner Stelle eines Chefs der Flotte bestraft.

Diese Handlung war so unvorsichtig, als ungerecht, denn dieser Officier hatte nach den Buchstaben der Verordnung gehandelt; die Seeleute schloßen daraus, daß ihr Aufruhr von dem Hofe gut geheißen würde, und dieses brachte sie bald zu neuen Gewaltthätigkeiten gegen ihre Vorgesetzte. Einzelne Handlungen, woraus die Aufrührer merkten, daß man sich nicht traute, sie zu strafen, gaben ihnen
Muth;

Muth; es entstunden unter ihnen Rotten und Verschwörungen; die Arbeiten auf dem Holm hörten auf, die unbändigen Matrosen überließen sich allerlei Ausschweifungen, begehrten mit Ungestüm eine Verbesserung ihres Zustandes und drohten mit einer allgemeinen Empörung. Diese Umstände setzten den Hof in große Verlegenheit. Die Königin und Struensee besorgten, daß dieses entstehende Feuer weiter um sich fressen möchte; sie befürchteten alles davon, wenn es nicht bald erstickt würde. Man wuste kein anderes Mittel als die Mißvergnügten zu zerstreuen und sie durch einige freudige Augenblicke auf andere Gedanken zu bringen. Es ward beschlossen, den Matrosen ein Fest zu geben, und diese in Ansehung der Umstände äußerst seltsame Feierlichkeit ward zu Friedrichsburg mit möglichster Verschwendung und Pracht gefeiert. Das Seevolk genoß mit einer wilden Freude was man ihm zu verzehren gab und

gieng

gieng mit ruhigern Gemüthe nach Hause;
aber der Groll war nicht vertilgt; der Adel
und ein Theil der Bürgerschaft hatte dieser
Scene zugesehen und einen verderblichen
Schluß für Struensee daraus gezogen. —
Nun sah man genugsam, daß er die Furcht
kannte.

Wie wichtig war diese Entdeckung für
diejenigen, die ihm Untergang geschworen
hatten! Wie sehr munterte sie die Gemüther
auf, die sein Ansehn und seine Gewalt so sehr
gefürchtet hatten. Nun lebte die Hofnung
zu Friedensburg auf; nun fieng man an, so
ernsthaft als geheim, an dem Verderben des
Struensee und der Fürstin, deren Gnade ihn
so mächtig unterstützte, zu denken. Die verwittwete Königin und der durch sie geleitete
Erbprinz Friedrich, giengen jedoch sehr vorsichtig zu Werke. Sie sahen ein, daß ein
einziger durch Uebereilung mißlungener Schritt
alle

alle ihre Aussichten vereiteln könnte. — Sie beschäftigten sich nur mit der Sorge, die Gemüther wider die junge Königin und Struensee zu erbittern, sich hingegen Vertrauen zu erwerben; Anhänger zu gewinnen und ihre Feinde zu besänftigen. Sie erklärten niemand ihre Absichten und suchten nur unter den Feinden der herrschenden Parthei diejenigen zu entdecken, welchen sie sich mit Sicherheit, und mit der Gewißheit gut bedient zu werden, mittheilen könnten. Der alte Graf von Thott, der Graf von Osten und der Graf von Ranzau-Aschberg waren diejenigen, deren Gesinnungen von der verwittweten Königin, so viel es möglich war, geprüft wurden. Sie glaubte von dem Erstern nur versichert zu seyn, daß sie nichts von ihm zu besorgen hätte, allein sein Alter, sein Charakter, die Ruhe und Zufriedenheit, die er in der Entfernung vom Hofe und von den Geschäften fand, versprachen auch keine Hülfe von seiner Seite. Der

Zwei-

Zweite war schon mit Struensee mißvergnügt, er hatte schon zweimal seine Entlassung begehrt, dieselbe aber nicht erhalten; man suchte also diese Gesinnungen immer mehr in ihm zu erregen und hofte, es nicht ohne Erfolg gethan zu haben. Die verwittwete Königin fürchtete ihn zu sehr, als daß sie ihn wider sich haben wollte, allein sie kannte ihn zu gut, um ihm etwas wichtiges anzuvertrauen. Der Dritte war eigentlich der Mann, den diese Fürstin zu gewinnen wünschte. Sie kannte seinen unruhigen Geist und seinen großen Hang zu Abentheuern, und durch seinen immer strotzenden Ton verblendet, muthete sie ihm Stärke der Seele und Entschlossenheit zu. Der Sturz des Grafen von Bernstorf, die schnelle Emporbringung der Parthei der Königin, hatten ehemals gezeigt, was er unternehmen konnte, aber ein übermäßiger Stolz, das veränderlichste Gemüth, eine natürliche Unbescheidenheit und eine wundersame Mischung

schung von entgegen streitenden Gesinnungen, machten ihn verdächtig. Er war zwar wider diejenigen, welche er ehemals so glücklich unterstützt hatte, sehr aufgebracht, aber man argwohnte, daß er Absichten hegte, die sich mit der Herrschsucht der Königin Juliana und des Prinzen Friedrichs nicht besser, als mit der Gewalt des Struensee, vereinbaren ließen. Man bemühete sich also nur ihm zu schmeicheln und nahm mit Vergnügen wahr, daß er mit den damaligen Umständen immer mißvergnügter wurde.

So viele Bewegungen musten diesfalls nothwendig einige Gerüchte veranlassen. So unbestimmt und unbedeutend diese auch waren: so thaten sie doch große Wirkung auf das Gemüth des Struensee. Die bedenklichen Gährungen, welche die Empörung der Matrosen veranlaßt hatte, und die ungegründete Nachricht eines wider sein Leben gemachten Anschlags,

hatten

hatten seine Unruhe auf das äußerste gebracht. Vor diesen Ereignissen sah man ihn nur in dem Augenblicke, wo er eine wichtige Handlung unternahm, schüchtern und unentschlossen; der Erfolg war noch vermögend seinen Muth zu erwecken, und er ermannte sich, um zu einer andern Unternehmung vorzuschreiten. Jetzt aber war seine Seele gebeugt, jetzt konnte er die Last der ihn drückenden Angst nicht mehr ertragen. Er warf sich zu den Füßen der Königin, er goß vor ihr seine Dankbarkeit, seinen Schmerz und seine Unruhe aus, und bat sie inständig, ihm zu erlauben, daß er einen Hof und ein Land verlassen dürfte, wo er sich nur von Feinden umgeben sähe, wo der allgemeine Unwille über ihn zu schweben schien; welchem er in dieser mißlichen Lage keine Dienste mehr leisten könnte und worinn das unseligste Ende ihm von allen Seiten drohete. Er stellte ihr noch lebhafter ihre eigene Gefahr vor, wenn sie ihn zu bleiben nöthigte

und

und wider die überhand nehmende Gewalt ihrer gemeinschaftlichen Feinde beschützen wollte. Er führte ihr auf das nachdrücklichste zu Gemüthe, daß sie keine Unterstützung von ihrem Gemahl zu hoffen hätte, wenn ihre häufigen Feinde sich jemals wider sie verschwören und durch Vorfälle, welche man nicht vorhersehen könnte, ein Mittel erreichen sollten, um eine schon lange genährte Rache wider sie auszuüben. Die Königin verwarf seine Vorstellungen mit eben so viel Feuer, als er sie gethan hatte; neue Einwendungen widersetzten sich ihren dringenden Bitten, ihr Sieg blieb unentschieden, bis ein unerwarteter Schlag ihr denselben versicherte. „Bleiben Sie, sagte die Fürstin zu Struensee, oder Sie werden mich zu einem Schritte zwingen, welcher mein Schicksal oder mein Verderben entscheiden wird." Struensee kannte ihren Muth; er zitterte und fügte sich dem Willen der Königin, welcher er schwören mußte, dem gemach-

ten

ten Vorschlage auf immer zu entsagen. Die verwittwete Königin, für deren Absichten jeder Umstand, jede neue Wendung, welche die Lage der Angelegenheiten nahm, äußerst wichtig war, beobachtete mit der sorgfältigsten Aufmerksamkeit alles, was zu Hirschholm vorgieng und vernachläßigte kein Mittel, umständliche und zuverläßige Nachrichten davon zu erhalten. Alles was sie erfuhr, vermehrte ihre Hofnung zu einem guten Erfolge ihres Vorhabens, welches in ihr durch so unerwartete Umstände auf einmal gereift war. Die dreihundert Dragoner, die unter den Befehlen des Herrn von Numsen stunden und die Leibwache des Königs ausmachten, wurden versammlet und zahlreiche Wachen immer in dem Schlosse gehalten. Dieses war für die Dänen etwas neues, nie hatten sich ihre Könige auf ihren Lustschlössern so genau bewachen lassen. Wenn der Hof in die Stadt kam, so wuste man nie vorher, durch welches Thor der
Stadt

Stadt er hereinkommen würde. Dieser Befehl wurde immer erst in dem Augenblicke der Einfahrt gegeben. Die Norwegischen Matrosen wurden in größter Eil in ihr Land zurückgeschickt. In der äußerlichen Politik schien Struensee alle Wege einzuschlagen, um die Gunst des rußischen Hofes zu erwerben; in der innerlichen sah man ihn zitternd und unentschlossen, von angefangenen Veränderungen abstehen; angesetzte Entlassungen nicht vornehmen; den Ton der Verordnungen mildern; Leute, die er vorher verachtete, liebkosen; andere, die er fürchtete, schmeicheln; die kleinsten Mittel ergreifen, um das Volk der Hauptstadt zu gewinnen und endlich sein ganzes Ansehn fallen, und die königliche Gewalt in seinen Händen alle Würde und Erhabenheit verlieren lassen! In dieser Verwickung und Ungewißheit seiner Seele schmeichelte er sich jedoch, daß seine eigene Gewalt wenigstens vor allen bedenklichen Angriffen sicher seyn würde, so lange es

ihm

ihm gelingen sollte, seine Feinde von aller Gemeinschaft mit dem Könige entfernt zu halten. Er kannte das Herz dieses Fürsten zu gut, um nicht zu wissen, daß er niemand liebte und seine Gunst nur eine Furcht oder eine gefühllose Neigung gegen diejenigen wäre, die ihn zu beherrschen wusten, oder die sich bei ihm durch die Theilnehmung an seinen kleinlichen Unterhaltungen einschmeichelten. Er sah die äußerste Zerrüttung seines Verstandes zu wohl ein, um nicht zu erwägen, daß nichts leichter wäre, als seine Denkart in einem Augenblicke gänzlich zu verändern, und ihn zu den gefährlichsten Maaßregeln wider diejenigen, die er nur allein anhörte, zu bringen. Der Aufenthalt auf dem Lande wurde also verlängert; der König wurde nie ohne die Vertrauten der Königin und des Ministers gelassen; sie musten ihnen alle seine Reden hinterbringen; er durfte nicht ohne ihr Vorwissen ausgehen; der Graf Brandt und der Leibarzt Berger

Berger durften ihn besonders nicht aus den Augen verlieren. Ein junger Mohr und eine kleine Mohrin von 10 Jahren waren schon lange seine gewöhnliche Gesellschaft. Keine Statue im Garten, kein Fenster im Schlosse, kein Stuhl in den Zimmern, war bei ihren lärmenden Spielen sicher.

Von Seiten des Königs beruhigt, fieng Struensee wieder an, die Angelegenheiten des Staats zu besorgen. Die Bürde war aber seinem durch so viele Bekümmernisse niedergeschlagenen Geiste zu schwer; er nahm sich vor, sie mit seinem Bruder zu theilen; ihn aus dem Finanzcollegium zu der Würde eines Finanzministers zu erheben, und ihm dieses weitläuftige Fach gänzlich zu überlassen. Dieses Vorhaben kam aber nicht zu Stande. Auch in der Hauptstadt hatte Struensee verschiedene Einrichtungen getroffen, die seinen Feinden nur zu oft den Vorwand gaben, ihn

der

der Nation so verhaßt, als verächtlich zu machen. Er hatte das Policeiwesen fast gänzlich umgestoßen, viele Gesetze davon abgeschaft und wenige andere statt ihrer eingeführt; er hatte sich vorgenommen, dem Plane der Policei von Paris genau zu folgen. In vielen Stücken konnte er kein besseres Muster wählen; aber viele andere, die sich zu den Sitten eines lebhaften und dem Vergnügen sehr ergebenen Volks, zu den Umständen einer Stadt, worinn unzählige Fremde aus allen Theilen der Welt wimmeln, sehr gut schicken, waren bei den kaltblütigen und stillen Einwohnern von Copenhagen sehr übel angebracht. Man eröfnete ihnen die verderblichsten Gemächlichkeiten, man setzte die öffentlichen Sitten in die größte Gefahr. Das erstaunte Volk sah mit Unwillen diese Neuerungen, und betrachtete sie als eben so viele Beleidigungen des bei ihm hergebrachten Anstandes. Klagen und Satyren ertönten überall, und alle

Reden

Reden nahmen die bedenklichsten Wendungen.

Die späte Jahrszeit nöthigte nun den Hof, das Lustschloß Hirschholm zu verlassen; die Königin und Struensee getraueten sich aber noch nicht, in die Stadt zu kommen, wo die verwittwete Königin und der Erbprinz Friedrich sich schon befanden, sie beredeten den König, das nahe bei der Stadt liegende Schloß Friedrichsburg auf eine kurze Zeit zu beziehen. Denn sie wollten, ehe sie sich in einen Ort wagten, wo alle ihre Feinde nun versammlet waren, die Ausführung eines großen und äußerst bedenklichen Vorhabens erwarten; eines Vorhabens, welches man als die Handlung ansehen kann, welche der Gewalt der Königin und dem Ansehen des Struensee den letzten Stoß gab. Dieses Vorhaben war die Abschaffung der königlichen Leibwache zu Fuß, die durch den Cabinetsbefehl vom 21sten des

J Christ-

130

Christmonats beschlossen und zween Tage darauf vollzogen wurde.

Die Umstände und Folgen dieses wichtigen Auftritts, sind ein wahres Bild des kraftlosen Zustandes, worinn Gewalt und Ansehen gesetzt werden, wenn sie sich, ohne die Stütze des allgemeinen Beifalls, an Gegenstände wagen, die eine Nation gewohnt ist, mit Achtung und einer Art von Ehrfurcht anzusehen.

Die fünf Compagnien dieses ansehnlichen und aus lauter Norwegern bestehenden Corps wurden versammlet, und ein Officier kündigte ihnen die Befehle des Königs an, wodurch das Regiment abgeschaft und die Soldaten unter andere Regimenter gesteckt werden sollten. Ein drohendes Murren durchlief die Glieder; ein Wort, ein Wink war genug, um sich zu verstehen. Ein allgemeines Geschrei begehrte entweder einen völligen Abschied oder die Formirung eines neuen Corps, wovon kei-

keiner getrennt zu seyn verlangte. Die vorsichtigen Officier stellten ihnen in Güte die Nothwendigkeit vor, dem Könige zu gehorchen. Ihr Zureden erregte nur Erbitterung; die Mißvergnügten erneuerten mit Ungestüm ihr erstes Begehren, die Officiers wurden ernsthafter, die Soldaten muthiger, die ersten drohten, die andern raſten, nichts konnte sie endlich mehr halten und mit schrecklichem Geschrei traten sie aus einander. Die benachbarten Wachten wurden eilends gerufen und ihnen nachgeschickt; nun hatte ihr Zorn keine Schranken mehr; sie giengen mit entblößten Säbeln den Pikets entgegen, fielen auf sie mit schrecklicher Wuth, warfen sie über den Haufen und von allen Seiten flossen Blutströhme. Der Lerm und das Schrecken wurden allgemein; das bebende Volk floh vor den Wüthenden und niemand durfte sich den Kampfplätzen nähern. Man gab Befehle zur Bewafnung der Besatzung; die entfernten Wachen

chen kamen zusammen; man kämpfte von neuem; eine kleine Anzahl der Mißvergnügten ward gezwungen, sich zu ergeben, aber eine Compagnie entlief und eilte nach dem Norderthore; die Wache konnte sie nicht aufhalten; sie entkamen und giengen gerade nach Friedrichsburg, wo der Hof sich aufhielt; die übrigen giengen auf ihre Posten im königlichen Schlosse und verschanzten sich so gut als es ihnen möglich war. Der Commendant hatte dem Grafen Struensee die Nachricht dieses bedenklichen Aufruhrs eilends geschickt und die Bestürzung bei Hofe war über allen Ausdruck. Der Augenblick war entscheidend und nichts, als Nachgiebigkeit, konnte die Ruhe wieder herstellen. Struensee setzt in aller Eil ein Dekret auf, wodurch der König den Mißvergnügten alles, was sie begehren, verspricht, und ein Officier wird ihnen damit entgegen geschickt. Er trift sie schon beim Schlosse an, sie verlangen mit Ungestüm mit

dem

dem Könige zu sprechen und Gerechtigkeit von ihm zu erhalten. Eine ganze Wache, die sie unter den Waffen sahen, erschreckte sie nicht; ihr Ton war drohend und entschlossen. Der Officier ertrug mit vorsichtiger Geduld diesen ersten Stoß eines unbesonnenen Zorns, redete sie mit Güte an und machte es ihnen endlich glaublich, daß der König ihnen alles gewährte, was sie verlangten, und beredete sie, nach der Stadt zurückzukehren. Alle giengen nach dem königlichen Schlosse, fanden keinen Widerstand mehr auf dem Wege, und brachten den andern die freudige Nachricht des erzwungenen Vortheils. Diese gab ihnen neuen Muth, konnte sie aber nicht ganz befriedigen; sie trauten dem Versprechen nicht, kamen unter sich dahin überein, daß ohne einen förmlichen Abschied keine Sicherheit für sie sey, und verbanden sich durch die schrecklichsten Schwüre, eher zu sterben als einander zu verlassen. Drei Infanterieregimenter und zwei Schwadronen

bronen Cavallerie waren um das Schloß versammlet worden, dies wusten sie, aber nichts war mehr vermögend, sie von ihrem Entschlusse abzuschrecken. Ihre Officiers allein durften zu ihnen kommen, die Unterhandlungen dauerten den ganzen Tag und einen Theil der Nacht; endlich um ein Uhr des Morgens gaben sie ihre Waffen zurück und giengen auseinander, aber nur nach Erhaltung eines vollkommenen Siegs. Sie bekamen alle ihren förmlichen und unbeschränkten Abschied von der eigenen Hand des Königs unterschrieben; drei Thaler; Gewährung ihrer ganzen Uniform und Lossprechung von den Vorschüssen, welche die Kriegskasse ihnen gethan hatte. Jeder gieng mit diesen Siegeszeichen ruhig nach Hause und diese Nacht verfloß ohne Lerm. Den andern Tag in der Frühe giengen ohngefähr vierhundert von ihnen weg; sie riefen in allen Straßen ihren Mitbürgern ein rührendes Lebewohl zu, und dieser Anblick machte
einen

einen großen Eindruck auf das Volk; es lief überall zusammen; der Zug ward immer zahlreicher; die Bürger warfen den Soldaten Geld zu und trösteten sie; die Matrosen liefen herum und ihr wildes Freudengeschrei erscholl in allen Straßen. Dieses Getümmel erhitzte die Gemüther; man hörte überall Klagen und Flüche und alles drohte mit Empörung. Der Generalmajor Gude, Commendant der Stadt, von vielen Officiers begleitet, erschien, und wollte das Volk beruhigen; aber er ward vom Pferde heruntergerissen und in den Koth geworfen. Die Officiers wurden gemißhandelt, einige verwundet. Die abgedankten Soldaten nahmen an diesen Ausschweifungen keinen Antheil und kamen endlich aus der Stadt; das Volk tobte noch einige Stunden und erst gegen Abend ward es ruhig; es zertheilte sich und die Ruhe ward in der Nacht gänzlich wieder hergestellt.

Dieser bedenkliche Auftritt hätte dem Grafen Struensee eine warnende Lehre seyn und ihn endlich zu andern Maaßregeln leiten sollen; er that aber eine unglückliche Wirkung auf seinen Geist. Er ward immer unentschloſſener, immer furchtſamer und ſeine Lage ward ſo traurig als gefährlich. Dieſer mißliche Umſtand entgieng der Aufmerkſamkeit des engliſchen Geſandten Keith nicht, der die größte Unruhe über die Aufführung der regierenden Königin empfand und aus der Wendung, welche alles nahm, den nahen Fall des Struenſee, beſonders aber den Einfluß beſorgte, welchen dieſer auf das Schickſal der Königin haben dürfte. Er ſchloß daraus, daß es für die Sicherheit dieſer Fürſtin, von der dringendſten Nothwendigkeit wäre, daß Struenſee den Hof verließe; er wuſſte, daß er ſelbſt dieſen Entſchluß ſchon gefaßt, daß aber die Königin es ihm verboten hätte. Er glaubte, daß Mangel an Geld es verhindert hätte und ließ dem Struensie eine große Summe antragen. Aber die Gesinnung der Königin vereitelte diese weise Vorkehrung von neuem. Struensee hatte doch zu viel Verstand und Einsicht, um nicht zu erwägen, daß es nun für ihn äußerst wichtig war, die Sorgen, die ihn drückten, vor den Augen seiner Feinde sorgfältig zu verbergen und ihre Schritte selbst zu beobachten. Er glaubte daher, daß die Rückkehr des Hofes nach der Residenz nicht länger aufgeschoben werden könnte. Dieser Plan mißfiel der Königin sehr; es war, als wenn eine geheime Vorempfindung sie das entsetzliche Schicksal, welches ihr dort bevorstund, voraussehen ließ. Sie fügte sich endlich, aber sehr ungern, den Vorstellungen ihres Rathgebers, und die Rückkehr nach der Stadt wurde beschlossen. Struensee konnte sich indessen nicht verbergen, daß er die größte Gefahr laufen würde, wenn ein neuer Aufruhr sich ereignen sollte, und traf daher, sobald er in der Stadt war, die ernst-

haftesten

haftesten Anstalten, um solche Auftritte zu verhindern. Alle um das königliche Schloß und das daran stoßende Zeughauß stehende Wachen wurden verdoppelt, eine Anzahl Kanonen bereitet, und 6000 Patronen dem Staab eines jeden Regiments ausgetheilt. Diese Vorkehrungen hatten eine nachtheilige Wirkung; sie verriethen immer mehr eine Furcht und ein ängstliches Bewustseyn, daß man sich an der Nation vergriffen hätte. Man sah auch die Regierung jedem vorherigen Plane entsagen, und alle ihre Maaßregeln nach der gegenwärtigen Besorgniß stimmen. Die königliche Würde fiel in Verachtung; die Gewalt wurde verlacht; das Ansehen des Struensee schien ein unruhiger aber bald vorübergehender Traum; man bedauerte den König; man wollte die Königin hassen, aber wenn man sie sah; so vergaß man Verdruß und Zorn; man glaubte von ferne den aufstehenden Schein der Errettung zu sehen, aber

eine

eine heimliche Geringschätzung empörte jedes Gemüth; wenn man an die Quelle dachte, woraus sie entstehen sollte. Diese Gährungen beschäftigten die ganze Nation; ihre Gewalt ließ sich in der Hauptstadt besonders spuren, doch sah man noch keinen Zweck wohin sie arbeiteten; es zeigte sich noch niemand, der fähig schien, Vortheil daraus zu ziehen; man hörte viele Reden, aber keinen Entschluß; man sah viele Rotten, aber kein Haupt; viele Erbitterung, und keinen Muth; viele Gedanken und keinen Plan. Die Feinde des Struensee waren häufig, aber es war keine Verbindung unter ihnen; jeder hätte auch gern diesen andern gestürzt wenn er seine Hülfe nicht mehr gebraucht hätte. Der Haß erfüllte die Herzen, allein die Furcht hielt ihn in Zaum; man schrie, aber man gehorchte.

Die Entwürfe der verwittweten Königin wurden immer reifer und sie hatte indessen
einen

einen Anhänger gefunden, der ihrer Parthei Zusammenhang und Leben gab, und allein schon fähig war, das große Werk, welches sie vorhatte, glücklich auszuführen. Dieser Mann war der Obrist Köller, dessen Regiment sich unter der Besatzung von Copenhagen befand. Eine Beleidigung, welche Struensee einem Officier seines Regiments, dem einzigen Freunde, den er hatte, vor einiger Zeit zugefügt, erbitterte ihn so sehr wider diesen Minister, daß er ihm einen unversöhnlichen Haß schwur. Niemand war fähiger, als er, nach einer solchen Gesinnung zu handeln. Ein kühner und entschlossener Geist, ein rauher und unbiegsamer Charakter, eine unüberwindliche Standhaftigkeit, ein hitziger Kopf, ein schrankenloser Ehrgeiz, eine Seele die zu jeder heftigen Empfindung geschaffen zu seyn schien, eine unerschöpfliche Großsprecherei, eine ansehnliche Gestalt, und eine große Leibesstärke, waren die Eigenschaften dieses Man=

Mannes. Die Gesinnungen der verwittweten Königin, waren ihm nicht entgangen; voll von Mißvergnügen und Zorn gieng er zu dieser Fürstin einige Tage vor dem neuen Jahre, schüttete sein Herz vor ihr aus, bat sie, ihm und dem ganzen Reiche zu helfen und trug ihr seine treuesten Dienste an. Wie angenehm war ein solcher Antrag der Königin Juliana! Wie entsprechend war er ihren damaligen Wünschen! Sie empfieng ihn mit den lebhaftesten Ausdrücken der Gnade und der Zufriedenheit; versicherte ihn ihres unumschränkten Schutzes und entdeckte ihm selbst ihre Absichten. Diese eröfneten dem Obristen die Aussicht auf die vollkommenste Rache; er ergriff sie, mit der ganzen Heftigkeit seines Charakters, schwur der Königin die unverbrüchlichste Treue und erbat sich von ihr, daß sie ihr gemeinschaftliches Geheimniß noch niemand entdecken möchte. Die Königin versprach es ihm und hielt Wort. Sie vergaß auch

auch nicht, sich des Grafen von Ranzau zu versichern. Ohne ihm das mindeste von dem, was sie mit dem Obrist Köller verabredet hatte, anzuvertrauen, verbarg sie ihm nicht, daß sie den gegenwärtigen Zustand des Reichs und des Hofs; die Gewalt einer Fürstin, mit welcher sie unversöhnlich entzweiet war; das Ansehn eines Ministers, der das Reich nicht als Diener, sondern als Herr, verwaltete; die Entfernung des ganzen Adels von den Angelegenheiten des Staats, und endlich die Demüthigung, worunter sie und ihr Sohn, der Erbprinz Friedrich, schmachteten, nicht länger ertragen könnte. Sie suchte seinen feurigen Geist durch die ehrenvollesten Aussichten, durch die schmeichelhaftesten Lobsprüche zu reitzen und sein Herz mit Wuth und Rachbegierde wider seinen Feind zu entflammen; allein ihr Stolz, ihre eifrige Begierde nach Gewalt, sogar ein Anschein von Absichten, die dem Ranzau sehr verdächtig vorkamen, konnten

diesem

diesem Hofmann unter der Larve ihrer schönen Ausdrücke nicht entgehen. Er trug im Herzen nur einen tiefen Groll wider die regierende Königin und den Struensee, und ein lebhaftes Mißvergnügen über die gegenwärtigen Umstände; einmal hatte er Ansehn und Gewalt in fremde Hände gespielt, allein diesesmal hatte er keine Lust mehr dazu. ——
Die Quelle der Gewalt, welche Struensee auf eine so anstößige Art mißbrauchte, mißfiel ihm mehr als diese Gewalt selbst. Er hegte darüber Gedanken, die über seinen wenigen Muth giengen, und so verworren, wie sein eigener Verstand, waren. In dem hohen Schwunge seiner politischen Träume wollte er seine Nation nicht von einer solchen Gewalt allein, sondern auch von der Möglichkeit erretten, sie jemals wieder ertragen zu müssen. Er hatte die Augen auf eine benachbarte Nation geworfen, von der er Unterstützung hofte. Unzählige Projekte beschäftigten endlich

lich den Geist dieses unruhigen Mannes. Sein Hochmuth konnte auch den erniedrigenden Gedanken, noch einmal das Werkzeug einer fremden Rache zu werden, nicht länger ertragen. Die Königin sah aus dem Tone und der Art seiner Antwort, daß sie wohl an ihm einen augenblicklichen Anhänger, aber nie einen treuen Diener haben könnte. Dieses war ihr genug; sie verbarg ihm ihre Gesinnungen und suchte ihn nur in seinem Hasse wider Struensee immer mehr zu befestigen. Sie vernachläßigte indessen nichts, um die Gemüther zu der grossen Scene, über welcher sie brütete, allmählich vorzubereiten; sie suchte besonders die Abneigung der Grossen für die regierende Königin, und ihren Haß wider Struensee zu vermehren, und ihre Anhänger beschäftigten sich mit der Verbreitung von Gerüchten, die das ganze Volk immer mehr wider beide einnehmen sollten. So geheim auch alle diese Bewegungen gehalten wurden, so konnten sie

doch

doch Augen, welche auf solche Nachforschungen geübt waren, nicht gänzlich entgehen. Einige fremde Minister schöpften Argwohn aus dem, was sie sahen. Unter diesen verdienen der französische und der schwedische bemerkt zu werden. Der Marquis von Blosset, der einen reifen Verstand mit einem unbefangenen Charakter, und den durchdringenden Blick des geübten Zuschauers, mit dem strengen Kaltsinn des ruhigen Beobachters verband; der Freiherr von Sprengporten, der sich zu Copenhagen zu einer stets regen Aufmerksamkeit gewöhnet hatte, und dessen Urtheile so einsichtsvoll als seine Nachforschungen eifrig waren, glaubten wichtige Scenen vorauszusehen. Ranzau und Köller kamen ihnen verdächtig vor. Diese beiden Männer hatten seit einiger Zeit etwas unruhiges in ihrem ganzen Wesen; es entfuhren ihnen bittere Anmerkungen, und man sah sie um die in der Stadt zurückgebliebenen wenigen Vor-

K   netznehmen des Adels beschäftigt. Keinem war mehr daran gelegen, das Wahre der Sache zu entdecken als dem schwedischen Gesandten. Kein Hof hätte einen wesentlichern Vortheil aus der Vereitelung der Absichten der verwittweten Königin ziehen können, als der schwedische. Struensee war Schweden sehr geneigt, und ihm war Rußland so sehr als diesem Reiche verdächtig. Allein Gustav hatte kaum den Thron bestiegen; seine eigene Staaten waren selbst in Umständen, welche seine ganze Aufmerksamkeit verdienten; er trug selbst im Herzen ein Vorhaben, dessen Ausführung sein ganzes Ansehn und seine ganze Gewalt erforderte; es war also nicht Zeit, jetzt sich und sein Reich in fremde Angelegenheiten zu mischen. Der Freiherr von Sprengporten betrug sich als ein eifriger Diener seines Herrn und als ein kluger Staatsmann. Ranzau erwies ihm viel Vertrauen; er sprach oft mit ihm von dem Zustand seines Reichs,

ja

ja selbst von den Umständen des Hofs mit Ergießung des Herzens; er versuchte auch diesen Minister für sich zu gewinnen, und ihn von der Gründlichkeit seiner Projekte zu überzeugen; er betheuerte ihm oft, daß er Schweden sehr geneigt wäre, den König und die Nation liebte und gegen den rußischen Hof nur Haß und Verachtung empfände. Der schwedische Minister war zu klug, um den Träumen Ranzau's grossen Werth beizulegen; er suchte das Vertrauen, das der Graf ihm erwies, zur Beruhigung seines aufgeregten Gemüths zu benutzen; er bemühte sich, nicht durch Kunstgriffe des eifrigen Staatsmannes, sondern durch die bewegenden Zuredungen des warmen Freundes, ihn von den Projekten abzubringen, welche neue Unruhen und neue Drangsale veranlassen könnten; er bestrebte sich, ihm den Nutzen einleuchtend zu machen, den man aus dergleichen Umständen ziehen könnte, wenn man diejenigen, von welchen

alles

alles abhieng, nicht durch Erbitterung, sondern durch Liebe, nicht durch Drohungen, sondern durch Ermahnungen, auf bessere Wege zu bringen versuchte. Er gab ihm zu verstehen, daß man sicher urtheilen könnte, in welche Hände die Gewalt fallen würde, wenn der Fall einer gänzlichen Veränderung der Umstände sich ereignen sollte; er warnte den Grafen, sich durch die Lockungen des Schmeichlers nicht in die Hände neuer Feinde spielen zu lassen. Ranzau wurde durch diese Betrachtungen gerühret, er versprach seinem Freunde, durch Befolgung seines Raths, den sichersten Beweiß seiner Dankbarkeit zu geben.

Ranzau hielt sein Wort, allein er hatte vorher gesehen, daß dieser Schritt unnütz seyn würde. Er stattete einige Tage nach dem neuen Jahr dem Struensee einen Besuch ab, und lenkte das Gespräch auf die Umstände des Staats. Die Unterredung dauerte lange und

hätte

hätte vielleicht wichtig und entscheidend werden können, wenn Ranzau die aufrichtige Absicht gehabt hätte, den Struensee zu rühren, und ein Mann gewesen wäre, der ihm einiges Vertrauen hätte einflößen können. Er stellte dem Struensee die schwache Seite einiger seiner Handlungen vor, führte ihn auf eine Betrachtung der gegenwärtigen Zeiten, zeigte ihm die Gefahren, und ihre Folgen. Struensee begegnete seinen Sätzen mit Einwendungen seiner Freimüthigkeit, mit Danke, allein seine Warnungen mit dem unbedeutenden Lächeln eines kurzsichtigen Mannes, der alle Ueberlegung den Träumen des Stolzes und der Eigenliebe aufopfert. Hätte der unglückliche Minister den Grafen angehört, hätte er die Umstände dieses ausserordentlichen Besuchs, den Sinn dieser ungewohnten Unterredung, nur mit gesetztem und unbefangenen Geist überlegt, hätte er seine Fehler erkannt, und den Willen, sie zu verbessern,

bessern, aufrichtig gezeigt, so war derjenige, der bald der vornehmste Anführer seiner Gegenparthei werden sollte, auf seiner Seite, so war der Sieg für ihn, und das Unglück für seine Feinde. Von welchen unbedeutenden Ereignissen kann in solchen Gährungen das Schicksal eines ganzen Reichs abhangen!

Je grösser die Gewalt war, welche Rantzau sich hatte anthun müssen, um diesen letzten Schritt gegen Struensee zu thun, desto lebhafter war sein Mißvergnügen über den schlechten Erfolg derselben. Er sah nun, daß er nichts von diesem, des Glücks zu sehr gewohnten Manne, und keine Veränderung der Umstände, die er nicht länger ertragen wollte, zu hoffen habe. Er empfand auch, daß er dem Plane, das Haupt einer Parthei zu werben, entsagen müsse; daß er keine von den Eigenschaften hätte, wodurch man sich Freunde und Anhänger erwirbt, und sonach nahm

er

er endlich den Entschluß, sich mit der Parthei der Königin zu vereinigen. Diese Fürstin hatte nun alles mit dem Obristen Köller verabredet, und ließ den Grafen Ranzau zu sich kommen, um ihm ihr ganzes Vorhaben zu entdecken. Sie ward durch die Veränderung, welche sie in seinem Wesen wahrnahm, sehr angenehm überrascht; fand ihn gänzlich bereitet, ihre Befehle zu vollziehen, und die wesentlichsten Anstalten zur Verschwörung über sich zu nehmen. Die Königin kannte den Grafen zu gut, um nicht zu erwägen, daß es nun nöthig war, gleich zur Ausführung ihres Plans vorzuschreiten, wenn sie sicher seyn wollte, ihn als einen Mithelfer zu behalten. Alles erregte die nämliche Besorgniß in ihr, in Ansehung des Obristen Köller. Sie erlaubte sich darum keinen Aufschub mehr, und theilte ihre Absichten dem Manne mit, den sie zum dritten Anführer der Verschwörung erwählt hatte. Dieser war der Obrist Eich=

Eichstädt, ein Mann von sehr mittelmäßigen Eigenschaften, allein der die Dragoner der Besatzung unter seinen Befehl hatte, und daher zur Sicherheit der ganzen Unternehmung um so nöthiger war, da man auf die andern Chefs der Truppen, die ihre Stellen durch Unterstützung des Struensee erhalten hatten, keine Rechnung machen konnte. Eichstädt, der bis zu diesem Augenblick dem Adel und dem Hof unbekannt war, und welchem die Gelegenheit, seine Rolle zu spielen, als ein Traum vorkam, wurde von dem Gedanken allein, daß er einer Königin nützlich werden könnte, so sehr über die Sphäre seiner gewöhnlichen Ideen erhaben, daß er nicht fähig war, die Folgen des ihm geschehenen Antrags zu überlegen. Er fügte sich blindlings in den Willen der Königin, versprach alles, was man von ihm begehrte, und so wurden endlich alle Maaßregeln verabredet und festgesetzt.

Der

Der 17te Tag des Jahres 1772. wurde zur Ausführung dieses entsetzlichen Vorhabens bestimmt, welches dem Könige seine Gemahlin und seine Freunde gewaltsam entreissen, ihn den Gesetzen einer viel härtern Vormundschaft auf immer unterwerfen, seine ganze Gewalt in die Hände seines Halbbruders, der weder durch sein Herz, noch durch seinen Verstand einen solchen Vorzug verdienet, ohne Rettung spielen, eine junge und eines bessern Schicksals würdige Fürstin den Stand, und die Freuden der Königin, der Gemahlin und Mutter unwiederruflich rauben, den dänischen Boden mit dem Blute eines Unschuldigen beflecken, schuldlose Glieder des Staats ins Elend stürzen, einer Nation, für welche der Gedanke von Empörung und Grausamkeit neu waren, das gefährlichste Beispiel davon geben, und Dännemarks Annalen durch das schreckenvolle Beispiel einer unversöhnlichen Rache auf ewig entehren sollte. Aus dem Schooße

Schooße einer betrügerischen Freude, mußte das Verderben der erwählten Schlachtopfer entstehen: so sticht die unter den Blumen verborgene Schlange die unvorsichtige Hand, welche sie pflücken will; das Gift ergeust sich in das ganze Blut, und ein unvermeidlicher Tod ist das Loos des Unglücklichen, der aus Unkunde und Ueberreilung fehlte.

Ein Ball, der bei Hofe gegeben werden sollte, erleichterte die Anschläge, die man wider die junge Königin und ihre Freunde gefaßt hatte. Den folgenden Tag in der Frühe vernahmen die erstaunten Einwohner der Stadt, daß die regierende Königin, der Cabinetsminister Graf Struensee, sein Bruder der Finanzdeputirte, der Graf Brandt, und alle ihre Freunde, in Verhaft genommen worden. Die bange Verwunderung, welche sich durch die ganze Stadt verbreitete, ist nicht zu beschreiben. Die Schnelligkeit, womit dieser

ent-

entsetzliche Plan entworfen, verabredet und ausgeführt worden, erweckt auch billig Erstaunen, wenn man auf den schwachen Ursprung einer solchen Unternehmung zurückgeht. Eine Prinzeßin, welche jedermann für schwach und furchtsam ansah; ein mißvergnügter Officier entworfen den Plan; ein Hofmann, der zwar Verstand, allein soviel Leichtsinn und Unbescheidenheit hatte, ein anderer Officier, von dem man weder Einsicht noch Talente kannte, ein obskurer Mensch, X. helfen ihnen zu der Ausführung, und diese wird wider eine Königin und eine Parthei, die bis an den letzten Augenblick alle Gewalt in Händen hatten, mit dem vollkommensten Erfolge ausgeführt. Dieses ist gewiß eine der seltensten Begebenheiten, welche die Annalen der Geschichte unserm Andenken aufbewahrt haben. Ehe ich zu der umständlichen Erzählung dieser merkwürdigen Ereigniß schreite, muß ich hier nur bemerken, daß alle Befehle,

welche

welche der König in deren ganzen Verlauf aus⸗
fertigte, ihm mit List und Gewalt entrissen
worden sind.

Von dem ersten Augenblick dieser Revo⸗
lution an, kann man mit Recht den König
von Dännemark blos als das unbedeutende
Bild der königlichen Macht ansehen; die Ge⸗
walt gehörte nun der verwittweten Königin
und dem Prinzen Friedrich allein. Sie ga⸗
ben nun jeder öffentlichen Angelegenheit die
entscheidende Richtung; sie wurden die Quel⸗
len aller Gnaden; sie ertheilten die Befehle
und der König unterschrieb sie; sogar die ge⸗
ringste Handlungen dieses Fürsten hiengen von
ihnen ab. Ihre Wünsche waren noch weiter
gegangen, allein zum Glücke des Königs war
das Herz seines Halbbruders eben so schwach,
als feindseelig gegen ihn, und die Maaßre⸗
geln der Königin so sorgsam für ihren Sohn,
als lieblos gegen den Monarchen. Diese vor⸗
sich⸗

ſichtige Fürſtin empfand, daß ſie und ihr Sohn eine viel gröſſere Gewalt behalten würden, wenn ſie dem Könige den Schein der Macht ruhig lieſſen; ſie barg ſich auch nicht, daß ſie und ihr Sohn keinen einzigen wahren Freund unter den Feinden der geſtürzten Parthei hätten; ſie ließ ſich den Fall derſelben zum warnenden Unterrichte dienen und entſchloß ſich, mit ihrem ſchüchternen Sohne, die erworbenen Vortheile unter dem Deckmantel einer Mäßigung zu genieſſen, wodurch ſie die Augen der Nation von dem wahren Grunde ihrer Abſichten abzuwenden und ſelbige ſo unbekannt, als unausgeführt, zu laſſen, hoften.

Ich ſchreite nun zur Geſchichte der Revolution ſelbſt. Das Regiment, welchem der Obriſte Köller, der eifrigſte und kühnſte der Verſchwornen, vorſtund, ſollte am 16ten des Jänners die in dem Schloſſe und um daſſelbe ſtehenden Wachen beziehen, und ein öffentlicher Ball an eben dieſem Tage bei Hofe gege-

gegeben werden. Es war kein anderes Corps in der ganzen Besatzung, auf welches die verwittwete Königin und ihre Anhänger sich zur Unterstützung ihres Anschlags besser hätten verlassen können, und der Ball gab ihnen die beste Gelegenheit, alles dazu vorzubereiten. Die Königin empfand den ganzen Vortheil dieser Veranstaltung, und wollte ihn nicht verlieren. Sie verabredete alles mit den Verschwornen, und erwartete in der bangsten Ungeduld den Augenblick, das Verabredete auszuführen. Der Tag gieng ihr nur zu langsam vorüber; sie sah auf der einen Seite die so sehnlich erwartete Stunde der Rache herannahen, und zitterte auf der andern vor dem schrecklichsten Sturze, wenn ihr Anschlag mißlingen sollte. Der kleinmüthige Charakter ihres Sohnes, der ausschweifende Eifer des Obristen Köller, der Leichtsinn des Grafen Ranzau, der ungeprüfte Muth des Obristen Eichstädt, erfüllten sie mit Angst und Ungeher.

he. Die Nacht kam endlich heran, und der Ball nahm seinen Anfang. Man bemerkte nachher als etwas ungewöhnliches, daß von allen den fremden Gesandten der einzige englische Minister sich dabei eingefunden hatte. Die Königin Mathilde überließ sich noch mit dem sorglosesten und leichtsinnigsten Vertrauen der Zerstreuung, welche die Gelegenheit darbot. Um Ein Uhr nach Mitternacht tanzte sie noch zur Beendigung des Balls mit dem Prinzen Friedrich; die Vornehmsten ihrer Anhänger hatten noch die Ehre, mit dem Könige zu spielen. Die letzten Freuden der Unglücklichen! — Der Ball hatte ein Ende, jedermann eilte zur Ruhe; indessen wurde der regierenden Königin und ihrer Parthei das schrecklichste Erwachen vorbereitet.

Die Glocke schlug drei, und diese war zur Ausführung der Verschwörung festgesetzt worden; eine öde Stille herrschte im ganzen Schlosse.

Schlosse. Der Obrist Köller geht zu den Wachen, nimmt die Officiers mit sich, und führt sie in das Wachthaus des königlichen Schlosses. Er erklärt ihnen, daß der König ihm befohlen habe, die regierende Königin und ihre Anhänger in Verhaft zu nehmen und befiehlt ihnen, ihm zur verwittweten Königin zu folgen. Die Wichtigkeit dieses schreckvollen Auftrags, das überwiegende Ansehn des Obristen, die angenommene Würde, der Kaltsinn und die künstliche Verstellung, womit er seine kurze Anrede hielt, betäubte die Officiers so sehr, daß keiner von ihnen begehrte, ihnen die Befehle des Königs vorzuzeigen. Hätte nur einer von ihnen so viel Gegenwart des Geistes behalten, daß er dieses natürliche Begehren an ihn gestellt hätte, so wäre der verschämte und von der verwegensten Lüge überzeugte Obrist, nicht mehr als ein treuer Unterthan, sondern als ein strafbarer Verschworner vor seinen Officiers gestanden; sei-

ner

ner Person hätten sie sich nach ihrer Pflicht versichern müssen, und der ganze Anschlag wäre gefehlt gewesen. Aber Köller war so glücklich als kühn: Er begab sich mit seinem Gefolge zu der verwittweten Königin; der Prinz Friedrich, der Graf Ranzau, XI. und der geheime Secretär des Prinzen Friedrichs, ein gewisser Guldberg, (ehmals ein Schreibmeister) den man zur schriftlichen Aufsetzung des Verschwörungsplans und der Verhaftsbefehle gebraucht hatte, trafen zugleich bei ihr ein. Der Obrist Eichstädt bewafnete indessen seine Dragoner, stellte sie um das Schloß, um den Eintritt jedermann zu verwehren und die Gefangenen aufzunehmen. Die verschiedenen Rollen des Auftritts wurden bald ausgetheilt; die Verhaftnehmung der Königin wurde dem Grafen Ranzau, jene des Grafen Struensee dem Obristen Köller, zugedacht, die übrigen Officiers sollten den Grafen Brandt, den Bruder des Ministers und die übrigen

L　　　　　Au-

Anhänger der Königin gleichfalls überfallen und in Verhaft nehmen. Koller eilt nach dem Quartier des Grafen Struensee. Die Officiers zertheilen sich, die verwittwete Königin, der Prinz Friedrich, der Graf Ranzau und der Secretär Guldberg, der die Schritte der andern mit einem Lichte leitete, begeben sich zum Schlafzimmer des Königs. Die Thür war zugeschlossen, und keiner der Schlüssel, womit man sich versehen hatte, konnte selbige öfnen. Die Augenblicke waren kostbar, man wollte keinen davon verlieren. Ranzau flieht zum Bette des Cammerdieners, der den Dienst hatte, tritt in das Zimmer mit grossem Getöse, stellt sich ganz erschrocken, und befiehlt ihm mit gebrochenen Worten zum Könige zu kommen: Der Diener eilt zu seinem Herrn, und begegnet der Königin, dem Prinz Friedrich und Ranzau; man befiehlt ihm, das Zimmer des Königs aufzumachen. Die ausserordentliche Stunde, die Personen, welche

er

er sieht, die Unruhe, die äusserste Verwirrung, welche er an ihnen wahrnimmt, alles kömmt ihm verdächtig vor, er schlägt ab, was man von ihm begehrt. Die Verlegenheit der Königin ist unbeschreiblich, der Prinz zittert, Ranzau und Guldberg, dem das Licht vor Furcht aus den Händen fiel, trauten sich nicht, dem Kammerdiener den Schlüssel mit Gewalt zu entreissen; der Mann war stark und war entschlossen, man wollte auch keinen Lerm machen. Man sucht ihn also zu erschrecken, man erzählt ihm, das ganze Volk hätte sich empört, die Rebellen wollten in das Schloß dringen, die Wachen könnten ihrer Wuth nicht widerstehen, das Leben des Königs sey in der grösten Gefahr, und es wäre kein Augenblick zu verlieren, wenn man den König retten wollte. Die Königin und der Prinz stellten sich sehr besorgt um den Monarchen. Der Kammerdiener wird bewegt, erschrickt selbst, das Versprechen einer ansehnlichen Belohnung giebt

seinem wankenden Muthe den letzten Stoß, er
ergiebt sich, und führt die Königin mit ihrem
Gefolge in das Zimmer des schlafenden Königs. Man reißt die Vorhänge seines Bett's
mit Ungestüm auf, er erwacht plötzlich und erschrickt; man läßt ihm keine Zeit, zu sich selbst
zu kommen; Ranzau kündiget ihm Unglück
und Verderben an; er häuft die Bilder des
Schreckens; Furcht und Entsetzen erfüllen seine betrügerischen Worte; sie mahlen ein em-
pörtes Volk ab, wider die Gewalt der Königin und des Struensee sich auflehnend, zu ihrem Sturze verschworen, nach Gerechtigkeit
schreiend, nur mit Opfern zu versöhnen, und
zu jedem Frevel bereitet, wenn man's nicht
befriediget. „Welches Unglück! Wohin soll
ich mich flüchten!" ruft der erschrockene König mit ängstlicher Stimme: „helft mir, ra-
chet mir, was soll ich thun?" — „Diese
Befehle unterschreiben!" rufte Ranzau mit
verdoppelter Hitze, „dann ist mein König, dann

ist

ist sein königliches Haus, dann ist sein Volk gerettet!" Schon lagen die verderblichen Papiere auf dem Nachttische des Königs, (Ranzau hatte ihm diese Fallstricke bereitet) und die verwittwete Königin hielt schon die unselige Feder, woraus das Verderben über die Schlachtopfer ihrer Rache fliessen sollte. Mit kaltem Blicke nimmt der König diese Feder, mit Ungestüm wirft er sie weg, da er den Namen seiner Mathilde auf dem ersten Papiere erblickt. Es schien, als wenn dieser Name, der ihm sonst so gleichgültig war, ihm in diesem Augenblicke die längst verlohrnen Kräfte seines Geistes wieder gab. Mit Gewalt will er aufstehen, mit Gewalt hält man ihn davon ab. Ein neuer Sturm muß auf ihn toben. Ranzau häuft von neuem die schreckhaftesten Lügen: nun ist das Volk vor dem Schlosse, Feuer und Schwerdt in seinen Händen, Rache in seinem Herzen, nun ist keine Rettung mehr, bald ist das Schloß in Flammen, bald ist

ist der König das erste Opfer seiner rasenden Wuth. Der schwache Geist des Monarchen hält diesen neuen Angriff nicht aus, die Angst überwältigt ihn, seine Thränen fliessen, seine zitternde Hände, worinn eine Feder sich, ohne sein Wissen, schon befindet, unterschreibt die vorgelegten Befehle, und Ranzau flieht, deren Vollziehung zu beschleunigen.

Der Obrist Köller hatte sich indessen zu dem Grafen Struensee begeben, ohne den königlichen Befehl zu seiner Verhaftnehmung zu erwarten. Er ließ die ihn begleitenden Officiere in einem Nebenzimmer, und trat allein in jenes, wo der Minister lag. Struensee wird durch das lärmende Eintreten des Obristen munter; er erkennt ihn mit Schrecken und Verwunderung, und fragt ihn, in wessen Namen er zu einer so ausserordentlichen Stunde zu ihm käme? „Sie werden es schon sehen," erwiedert ihm der grimmige Obrist, „stehen

hen Sie nur auf!" Er ergreift ihn beim Halse, und schüttelt ihn so lange, bis er ihn ganz aus seiner Fassung bringt. Der schwache Struensee verlor allen Muth, gehorchte der Gewalt, und wurde auf die Citadelle in das Gefängniß gebracht, welches für ihn und seine Freunde schon bereitet war. Hätte der Unglückliche nur mehr Muth gehabt, hätte er durch den mindesten Widerstand die Officiers, die den Köller begleitet, in sein Zimmer genöthiget, hätte er von diesem verwegenen Obristen begehrt, daß er ihm in ihrer Gegenwart die Befehle seines Königs vorzeigte, so wäre Köller diesesmal nicht so glücklich, als in dem Wachthause, und vielleicht das Schlachtopfer seiner eigenen Tollkühnheit gewesen. Der ältere Bruder des unglücklichen Ministers, der Graf Brandt, der General Göhler und seine Gemahlin, der Obrist Falkenschild, der Leibarzt Berger, der General Gude, Commendant der Stadt, der Baron von Bülow, der Staatssecretär Zöga und einige andere Anhänger des Struensee, wurden nach einander und in aller Stille in verschiedene Gefängnisse gebracht. Der schrecklichste dieser unseligen Auftritte blieb noch zu vollziehen. Der Graf Ranzau begab sich mit dem Obristen Eichstädt und verschiedenen Officieren zur regierenden Königin. Sie hört ein Getöse in ihrem Vorzimmer, und ruft ihre Kammerdienerinnen; sie kommen herein, die Königin sieht die Blässe des Schreckens auf ihren Gesichtern, sie verstummen bei ihren Fragen; die beängstigte Fürstin steht auf, und will die Ursache ihrer Unruhe erfahren; eine sagt ihr endlich, daß der Graf Ranzau mit einigen Officiers in ihrem Vorzimmer ist, und sich im Namen des Königs bei ihr ansagen läßt. „Ranzau, im Namen des Königs!" rufte sie aus: „Geschwind lauft zu Struensee!" — Man antwortet ihr, er wäre bereits gefangen und in Sicherheit gebracht.

„Ver-

„Verrathen, verloren! auf ewig verloren!" schreit sie mit der heftigsten Wehmuth, „doch — laßt sie herein, die Verräther! laßt sie herein, ich bin zu allem bereit!" — Sie geht ihnen selbst, halb angezogen und unerschrokken, entgegen; Ranzau redet sie an, und liest ihr den Befehl des Königs vor; sie hört ihn ohne Widerrede standhaft an, will den Befehl selbst lesen, und Ranzau reicht ihr das Papier dar. Sie liest es ganz durch, ohne die mindeste Furcht an sich wahrnehmen zu lassen, wirft es mit Verachtung auf den Boden und ruft: „Ich erkenne an dieser Handlung die Verräther und den König!" Ranzau bittet sie, sich den Befehlen des Königs fügen zu wollen. „Befehle!" antwortete sie mit Hohn, „Befehle, wovon er wohl selbst nichts weiß, welche die schändlichste Verrätherey seiner Thorheit entriß! — Nein, solchen Befehlen gehorchet keine Königin." Ranzau wird ernsthafter und sagt, daß sein Auftrag

keinen

keinen Auffchub leide. „Ehe ich den König gesehen habe, rief sie, wird ein solcher Auftrag nicht an mir vollzogen! laßt mich zu ihm, ich muß, ich will mit ihm reden!" Sie thut einige Schritte gegen die Thür, Ranzau hält sie auf, seine Ungeduld verleitet ihn, er verwandelt seine Bitten in Drohungen. „Etenber!" ruft die aufgebrachte Fürstin, „ist dieses der Ton eines Dieners gegen seine Monarchin? — Geh, Verächtlichster der Menschen, geh, von Schande bedeckt und von mir nie gefürchtet!" Der stolze Ranzau wird erbittert, wirft auf seine Officiers einen Blick von der schrecklichsten Bedeutung; der kühnste tritt hervor und will die Königin ergreifen, sie entreißt sich seinen Händen und schreit aus allen Kräften um Hülfe, niemand kömmt herein. Ganz allein wider bewafnete Leute, von Zorn entflammt, von der Verzweifelung hingerissen, läuft die unglückliche Fürstin zu einem Fenster, reißt es mit Ungestüm auf, und will

will sich hinausstürzen. Ein Officier ergreift sie; nun hat ihre Wuth keine Schranken. Sie packt ihn bei den Haaren an, reißt ihn zu Boden und kämpft mit gleichem Muth, mit gleicher Stärke wider einen zweiten. — Dieser entsetzliche, dieser rührende Anblick, welcher Mördern selbst den Dolch aus der verschwornen Hand gerissen hätte, that keine Wirkung auf Ranzau und sein Gefolge; sie vereinigten ihre grausamen Hände wider diese edelmüthige Fürstin; sie fiel endlich kraftlos, ohne Athem und beinahe ohnmächtig, in die Arme eines Officiers. Man nöthigte sie, als sie zu sich selbst kam, und nun sah, daß sie nicht fähig war, der Gewalt ihrer boshaften Feinde zu widerstehen, sich in einem Nebenzimmer anzuziehen, und Ranzau, der niederträchtig und unverschämt genug war, um der Monarchin mit beleidigenden Ausdrücken dabei zu trotzen, führte sie zu dem Wagen, worinn sich nach der Festung Cronenburg gebracht wer-

werden sollte. Der Rittmeister Cartenschiold und ein anderer Officier noch von mindern Range, stiegen nach ihr in den Wagen; der erste blieb die ganze Zeit mit entblößtem Degen in der Hand; der letzte Platz wurde mit einer der geringsten Dienerin der Königin besetzt. Eine seltne Gesellschaft, für eine Monarchin! Nicht das Unglück allein, sondern auch die bitterste Verachtung, und die ausgesuchteste Härte, waren das Loos der unglücklichen Fürstin geworden. Dieses gieng soweit, daß man alle die Personen, welche ihr unter ihrer Hofstatt mißfielen, vorsätzlich zu ihrer Aufwartnng zu Cronenburg ausgesucht hatte. Dreißig Dragoner umringten den Wagen, worin die Königin war, ein anderer folgte, und darin war die kleine Prinzeßin Louise, eine Hofdame und eine Amme. Die Königin blieb, vom Schmerze gebeugt, im tiefsten Stillschweigen; der Anblick des Schlosses Cronenburg riß sie auf einmal aus dieser

Art

Art von Betäubung. — „Gott!" rief sie heftig aus, „es ist um mich geschehen, mein König verläßt mich!" So klagte die Betrübte, und unterlag der drückenden Wehmuth. Ihre Knie sinken unter ihr auf der Treppe, man trägt sie, man schleppt sie in ihr Schlafzimmer. Sie erblickt ein Bett, tritt zurück. „Weg, weg von hier!" schreit sie, „es giebt keine Ruhe für die Unglücklichen! keine Ruhe für mich mehr!" — Man setzt sie in einen Lehnstuhl, bange Seufzer entsteigen der gepreßten Brust, ihr ganzer Körper scheint unter der Last des Schmerzes zu erliegen, sie findet endlich Thränen: „Dank, Himmel! Dank!" rief sie inbrünstig aus, „der Trost kömmt von dir, diesen allein konnten mir meine Feinde nicht rauben!" Sie hört die Stimme ihrer Tochter, und fliegt zu ihr: „Auch du hier? unschuldiges, liebes Geschöpf! O! so ist deine arme Mutter nicht ganz unglücklich!" Schon hält sie die Geliebte

liebte in den Armen, schon mischen sich tau=
send Küsse und ein wohlthätiger Strom von
Thränen auf ihren Wangen. — Einige Au=
genblicke des Kummers fliessen in dieser süssen
Schwärmerei dahin — hätte sie nur in die=
sem sanften Traume auf immer bleiben können!

Die verwittwete Königin und der Prinz
Friedrich hatten den König nicht verlassen, bis
sie von der Gefangennehmung und Wegschaf=
fung der regierenden Königin benachrichtiget
worden. Sie besorgten, daß ein Augenblick
von Mitleiden oder von Wankelmuth von Sei=
ten des Grafen Ranzau den Plan ihrer Ra=
che auf einmal vernichten würde. Sie wu=
sten nur zu wohl, daß, wenn der König die
Königin nur sähe, sein so mühsam gereitzter
Zorn auf sie beide fallen würde; niemand be=
saß so sehr, als diese Fürstin, die Gabe, zu rüh=
ren; der König haßte aber von ganzem Her=
zen seine Stiefmutter und seinen Halbbruder.
Man

Man fand hernach, daß es zur Hintergehung des Volks nöthig war, Auftritte unter den Augen des Königs zu veranstalten, welche ihn sowohl zerstreuen als überführen sollten, daß dasjenige, was geschehen war, die Wünsche dieses Volks erfüllte. Dieses kostete keine grosse Mühe: kaum hatte sich die schreckbare Nachricht von den bei Hofe und in der Stadt erfolgten gewaltsamen Auftritten verbreitet; so hatte sich der ganze Pöbel in die Straßen ergossen; mehr vorwitzig als aufgebracht, mehr zum Ausschweifen als zum Jauchzen geneigt, ohne Mitleiden für die Gestürzten, die ihnen mißfallen hatten, ohne Empfindung für die Siegenden, die er nie geliebt hatte, rottete er sich zusammen und schwärmte wild herum, ohne zu wissen, was er eigentlich anfangen sollte. Bezahlte Aufwiegler zertheilten sich unter die herumirrenden Rotten, brachten einige zusammen, und führten sie endlich vor das königliche Schloß. Der König, die ver-

witt-

wittwete Königin und der Prinz Friedrich zeigten sich auf einem Altane; erkaufte Stimmen stießen ein Freudengeschrei aus, angestiftete Matrosen vermischten damit ihr wildes Jauchzen. Man hörte die Namen Friedrich und Juliane, allein, man hörte nicht das Volk sie wiederholen; der Auftritt war kalt und unbeseelt. Ein anderer, mehr nach dem Geschmacke des Pöbels, mehr gemacht, um ihn zu beschäftigen, war an einem andern Orte angefangen worden. Unweit dem Schlosse war ein grosses, von einem Bürger zu öfentlichen Bällen, Gesellschaften und andern Lustbarkeiten mit Pracht und Geschmack eingerichtetes Haus. Struensee hatte den Plan und der König eine öffentliche Summe zu der Einrichtung desselben hergegeben. Zügellose Matrosen benützen den Zustand der allgemeinen Gährung, sprengen die Thüren, stürzen in das Haus, und rauben, was ihnen am ersten in die Hände fällt. Der Pöbel folgt

ihnen,

ihnen, drängt sich hinein, trägt Stühle und Tische hinweg, reißt die Tapeten herunter, und begeht alle mögliche Ausschweifungen. Dieser Auftritt, so wild er auch an sich war, gieng mit einer wundersamen Ruhe vor; man hörte kein Schmähen und Fluchen, jeder trug ungestört nach Haus, was ihm in der Plünderung zu Theil fiel; keine Wache bemühte sich, die Ordnung wieder herzustellen. Diese Nachsicht entgieng dem Pöbel nicht, und gab ihm Muth zu andern Ausschweifungen; er lief von einem, in Ansehung der Sitten verdächtigen Hause, zum andern, drang überall ein, wo er nur konnte, raubte, was er unter der Hand fand, und verschiedne Häuser wurden rein ausgeplündert. Dieser Lerm, diese Gährung entsprachen zu sehr den Absichten der Urheber der Revolution, als daß man ihnen hätte Einhalt thun sollen; man benutzte sie vortreflich, um die Gemüther zu erhizen, und um dieser schrecklichen Handlung den

M An-

Anschein zu geben, als ob sie die Sache der ganzen Nation wäre. Vor den Augen des Königs sollte sie besonders diesen Anschein haben. Um 12. Uhr, mitten in dem Getümmel, unter dem Schwarm des tobenden Pöbels, unter den Auftritten der unverschämtesten Ausgelassenheit, mußte der unglückliche Monarch, in der prächtigsten Kleidung, mit vielem Schmucke geziert, in einem sechsspännigen Gallawagen, in der verhaßten Gesellschaft seines Halbbruders, sich wieder öffentlich zeigen, in allen Straßen herumfahren, und so lange einem, ihn, sein Ansehn, seine Gewalt, und die Würde seiner Nation entehrenden Auftritte zu sehen. Einige bezahlte Schwärmer stellten sich, als wollten sie seinen Wagen ziehen; der König sah alles starr und lachend an, und der Prinz Friedrich winkte aus allen Kräften jedermann Huld und Gnade zu. Die verwittwete Königin war indessen mit der Beruhigung der erstaunten

Die-

Diener des Hofs, und mit der Bemühung beschäftiget, das Publikum des Hofes von der Nothwendigkeit der geschehenen gewaltthätigen Veränderung zu überzeugen. Sie nahm jeden von ihnen zu einer besondern Audienz an, vergaß nichts, um ihnen die Reinigkeit ihrer Absichten, die Richtigkeit ihrer Denkungsart gegen den König, und ihren Eifer für das Wohl des Staats abzumahlen. Sie bezeigte jedem die höchste Willigkeit, ihm Merkmale ihrer Gnade geben zu können; sie entließ jeden mit der feierlichsten Versicherung, daß er stets eine Freundin an ihr haben werde.

Diese schmeichelnden Ausdrücke der Güte, diese herablassende Huldbezeugungen, waren mit dem stets hervorkeimenden Gefühle einer nun überwiegenden Macht, mit dem stolzen Vergnügen ihres befriedigten Ehrgeitzes so vermischt, daß jedermann ihren wahren Sinn entnahm. Man sah die neue Quelle des allgemeinen Glücks, man sah den Altar, worauf man nun die Opfer der Huldigung und der Unterwürfigkeit bringen sollte, und nun war es zu spät, sich wider die, durch den unvermutheten Sieg, empor gekommene Gewalt erheben zu wollen. Ein einziger Mann, mehr durch seinen Charakter, als durch seinen Rang erhaben, mehr zu den stillen Tugenden des Bürgers, als zu den Ränken des Hofs geübt, wagt es, die Königin, deren Herz ihm zu jeder edlen Empfindung eröfnet schien, an den Grafen von Bernstorf zu erinnern, er wagte sogar einen heißen Wunsch für die Zurückberufung dieses verdienstvollen Ministers auf die Bühne des dänischen Staats; aber eine plötzliche Veränderung in dem Gesichte der Fürstin, welche sie jedoch zu verbergen suchte, das gezwungene und frostige ihrer Antwort, geben dem ehrlichen Mann deutlich genug zu verstehen, daß die edle Einfalt seines Herzens ihn sehr betrogen hatte.

Man

Man vergaß nichts an diesem Tage des Schreckens und der Verwirrung, was nur der bei Hofe geschehenen grossen Veränderung einen vortheilhaften Anstrich vor den Augen des Volks geben konnte. Auch die Religion wurde auf eine, ihrer Würde und Erhabenheit äußerst unanständige Art gebraucht, um die Nation über die vorgegangenen Auftritte zu verblenden. Diese frevelhafte Handlung allein bezeichnet die Grundsätze, wornach die Urheber der Verschwörung gehandelt hatten. Man ließ öffentliche Gebete halten, die gedungene Stimme strafbarer Geistlichen mischte, zu dem Lobe des höchsten Wesens, die bezahlten Lügen der Verläumdung; man klagte öffentlich ein unglückliches Glied der Gesellschaft des entsetzlichsten Vorhabens wider ihr Haupt an; Struensee muste für einen Königsmörder gehalten werden, und das irre geführte Volk muste den Himmel danken, daß er den Monarchen aus einer Gefahr, worinn er nie gewesen war, errettet hatte. Der Name der regierenden Königin wird, ohne Befehl des Königs, in den öffentlichen Gebeten ausgelassen; auch diese regierende Fürstin muß in dem Tempel der Wahrheit, durch die boshaftesten Erdichtungen verläumdet werden; auch sie muß auf allen Kanzeln für die Feindin der öffentlichen Ruhe und Glückseligkeit ausgerufen werden; man vergißt, um eine niedrige Rache an ihr auszuüben, die Erhabenheit des Orts, wo man von ihr redet. Kein Wunder! Die Schwärmerei und der Eigennutz waren wider sie verschworen, und diesen sind die Schranken der Mäßigung unbekannt. Die Nacht und die Stunden des Nachdenkens rükten heran; gefährliche Augenblicke für diejenigen, die Ursache haben, ihre Handlungen der allgemeinen Ueberlegung zu entziehen. — Dieses wurde nicht ausser Acht gelassen; eine Beleuchtung in der Stadt muste das Volk beschäftigen. Sie that ihre Wirkung auf den

Pöbel;

Pöbel; er schwärmte lange herum, sein wildes Geschrei wurde für Freudengeschrei ausgegeben, wenige aber wurden damit betrogen. In den Schaubühnen wurde Freudengeschrei angestimmt, allein schwach wiederholt; das Volk, welches weder damals freudig, noch lang hernach ruhig war, nahm einige Tage darauf in dem Hoftheater einen lebhaften Antheil an einem Auftritte, XII. welcher nur lächerlich war, aber durch unglückliche Zufälle bald ernsthaft wurde, und genug zeigte, daß die Gemüther in der grösten Gährung waren, und daß man den Gesinnungen des Volks zu trauen wenig Ursache hatte.

Man beschäftigte sich den Tag nach der Revolution mit Belohnung derjenigen, die eine Rolle bei den vorgegangenen Auftritten gespielt hatten; mit den ersten Vorkehrungen wider die Schlachtopfer der fliegenden Rache; und mit einigen Verfügungen, wodurch man

man das ganze noch mehr zu bemänteln und zu befestigen trachtete. Der Graf Ranzau erhielt den Elephantenorden und die Stelle eines Generals der Infanterie; Köller wurde mit dem Dannebrogsorden beehrt, zu dem Rang eines Generallieutenants und in den dänischen Adel erhoben. Man setzte seinem Namen noch den Namen Banner zu, den ein altes erloschenes dänisches Geschlecht getragen hatte. Eichstädt ward Generallieutenant, und alle Officiers, die zur Ausführung der Verschwörung gedient hatten, wurden um eine Stufe erhoben. Der Graf von Osten erhielt Befehl, alle Papiere und Effekten der Gefangenen zu versiegeln und in Beschlag zu nehmen; der ehmals unter dem Struensee abgedankte königliche Cabinetssecretär Schumacher wurde zurück gerufen und dem Graf von Osten zur Ausführung dieses Auftrags zur Seite gegeben. Eine andere Vorkehrung, die wichtigste von allen, die

Quelle

Quelle der übrigen, folgte diesen ersten Unternehmungen und spielte die ganze königliche Gewalt in die Hände des Erbprinzen Friedrich und seiner Mutter.

Dieser für das Schicksal dieses Fürsten und für die nachherige Regierungsform des Reichs entscheidende Moment ist zu wichtig, um nicht denjenigen, der sich dabei zu einem so grossen Ansehen und so mächtigen Einflusse in alle Staatsangelegenheiten empor schwung, hier abzuschildern. Der Prinz Friedrich hat von der Natur keinen andern Vorzug, als jenen seiner erhabenen Geburt erhalten. Er ist ungestaltet, hat keinen Verstand und ein falsches Herz. Er bestrebt sich, die körperlichen Fehler durch einen gezwungenen Putz zu verschönern, seinen Mangel an Einsicht unter der kalten Zurückhaltung des Hochmuths zu verlarven, und einen lieblosen Charakter mit den gekünstelten Ausdrücken der Huld zu be-

bemänteln; aber er erreicht in keinem seinen Endzweck. Er ist furchtsam und unentschlossen, übermäßig stolz und geringschätzig gegen diejenigen, von welchen er nichts besorgt, ängstlich nachgiebig bei denen, die ihm entgegen sind. Seine wenigen Kenntnisse der Geschäfte ist ein Werk des Gedächtnisses und nicht des Verstandes. Guldberg bereitet ihn immer zu der Rolle vor, welche er in dem Staatsrathe spielen soll: der Prinz trägt mühsam und unsicher dasjenige vor, was dieser ihm in den Mund legt; der Widerspruch eines Ministers bringt ihn aus dem Sinne seines Vortrags, und wenn er anhält, ganz aus seiner Fassung. Er ist gegen das Verdienst kaltsinnig und oft neidisch, bei dem mindesten Zufall erbittert und rachgierig; er ist dem König abgeneigt, gegen seine Mutter undankbar, und gegen seine Gemahlin kalt und eifersüchtig. Dieser ist der Prinz, der das Haupt eines neuen Staatsraths wurde, der den Namen eines geheimen

Cabinetsraths bekam, und durch den alle Angelegenheiten des Reichs nun entschieden werden sollten. Der alte Graf von Thott, der Freiherr von Schakrathlou, der vom Lande zurückberufen wurde, der Graf von Osten, der Graf Ranzau und der General Eichstädt, wurden zu Gliedern dieses Raths ernannt. Man schritt auch gleich zur Errichtung eines Kriegsraths, welcher aus Ranzau, Eichstädt und Köller-Banner bestehen sollte. Der Graf Osten ließ die fremden Gesandten zu sich einladen, eröfnete ihnen die bei Hofe vorgegangenen Veränderungen, und that ihnen im Namen des Königs die Erklärung, daß diese Vorgänge die königliche Familie und das Innere des Reichs allein beträfen, und keinen Einfluß auf die Gesinnungen seines Herrn gegen die andern Höfe haben würde.

Diese Eröfnung wurde von allen mit der eingeschränktesten und kaltsinnigsten Verdantung kung angenommen. Welcher rechtschaffene Mann wäre fähig gewesen, andere Gesinnungen über diese Vorgänge zu zeigen? Der englische Gesandte betrug sich in diesen kritischen Umständen mit der Würde und Vorsichtigkeit, welche man von einem so gesetzten und klugen Manne erwarten konnte. Die Mäßigung und Bescheidenheit, deren Gepräge jede seiner damaligen Handlungen trug, werden noch zu Copenhagen allgemein bewundert und einstimmig gelobt. Er sah auf der Stelle ein, was über seine Gewalt war, und that mit Eifer und Standhaftigkeit, was er für die Sicherheit der Königin thun konnte. Seine Erklärung an den Graf Osten war edel und kurz; er warnte ihn mit einem bedeutenden Ernste, daß man sich an der höchsten Person der Königin Mathilde nicht vergreifen sollte, und drohte mit der strengsten Rache seines Hofes, wenn man sich beigehen liesse, die mindeste Gewaltthätigkeit wider sie zu verüben.

Er

Er schickte gleich einen Courier nach London, um den König, seinen Herrn, von Allem zu benachrichtigen, blieb beständig zu Hause und erschien nur bei Hofe, wenn der Anstand es erforderte.

Die unglückliche Königin war indessen einsam, verlassen, von Kummer genagt, und von der schrecklichsten Unruhe über ihr Schicksal gequält. Ihre Thränen, der Anblick ihrer Tochter, welche sie beständig auf ihren Knieen hielt, und das traurige Vergnügen, sich, weit von jedem überlästigen Zeugen, ihrem Schmerz überlassen zu können, waren ihr einziger Trost. Nur erst den dritten Tag konnten ihre um ihr Leben bekümmerte Dienerinnen von ihr erhalten, daß sie etwas aß, und sich in ein Bett legte. Diese Fürstin war schon von ihrem Gemahl vergessen. Die verwittwete Königin und der Prinz Friedrich, die den König so wenig als möglich verliessen, suchten ihn in dieser Lage des Gemüths zu erhalten;

ten; sie waren doch nicht ruhig, und besorgten, das Mitleiden für die Königin möchte ihm, wie alle seine andern Einfälle, unvermuthet aufstossen, und er möchte geheime Befehle in einem solchen Augenblicke ausfertigen, welche gefährliche Auftritte veranlassen könnten. Sie besorgten aber noch viel lebhafter, daß jemand so dreust und glücklich, als sie es selbst gewesen waren, solche Befehle dem Könige entreissen und auf sie das Schicksal wälzen möchte, welches sie ihren gestürzten Feinden zubereiteten. Ihre Eingriffe in die Macht des Königs waren schon zu weit gegangen, als daß sie nicht alles hätten wagen sollen, was zu ihrer Sicherheit dienen konnte. Sie schickten dem Gouverneur von Cronenburg die Anweisung, daß er alle Befehle, welche er, in Ansehung der Königin Mathilde erhalten würde, im Falle, daß selbige mit der Unterschrift des Königs versehen seyn sollten, unbefolgt lassen, an den Staatsrath zurück senden,

den, und solche Befehle nur alsdenn für gültig ansehen sollte, wenn selbige mit dem gewöhnlichen Handzeichen der Glieder des Staatsraths, denen solches Amt obläge, versehen wären. Die nämliche befremdliche und die Majestät des Königs öffentlich beleidigende Verordnung, wurde allen Civil- und Militärstellen, Gerichten und Aemtern, mit Bezug auf alle königliche Befehle, feierlichst ausgefertiget. XIII. Man suchte sie durch den Vorwand zu rechtfertigen, daß man jedem Verwegenen dadurch vorkömmen wolle, der sich beigehen lassen könnte, die Unterschrift des Königs nachzuahmen und solche zu mißbrauchen. War dieses nicht eine vermessene Beschimpfung des unglücklichen Monarchen? War es möglich, ihn vor den Augen seiner ganzen Nation tiefer herabzusetzen? Man schrie über die eigenmächtigen Handlungen Struensee's; aber er war nie soweit gegangen! Nie hatte er Unterthanen angewiesen, die Unterschrift

ihres

ihres Monarchen zu verachten; diese war immer bei seiner Verwaltung das öffentliche Zeichen der Gesetze, Verordnungen und Befehle geblieben; aber hier wurde die Majestät in ihrem heiligsten Wesen beleidigt, und ihr alles Ansehen und Kraft genommen. Man kann sich über die Unvorsichtigkeit, womit diese gefährliche Handlung vorgenommen, und die glückliche Art, womit sie ausgeführt wurde, nicht genug verwundern. Man findet darinn ein auffallendes Bild der Kaltsinnigkeit der Nation, und der wenigen Achtung, welche sie für ihren Monarchen hegete. Eine kühnere Handlung, die öffentliche Erweisung und förmliche Erklärung der Unvermögenheit des Königs, das Ruder des Staats zu lenken, und eine feierliche Uebertragung der Regentschaft an den Prinzen Friedrich, als den gesetzlichen Vormünder des minderjährigen Kronprinzens, wäre vor den Augen der Welt mit der Erhabenheit der Majestät, und mit der Würde der Nation

Nation besser zu vereinbaren gewesen, allein, ohne in die Bedenklichkeiten einer solchen Handlung einzugehen, hätte solche dem bereits erwähnten Vorrechte des Adels, die Regentschaft mit einem gesetzlichen Regenten oder Vormünder zu theilen, Platz gegeben, und dieses ließ sich mit den herrschsüchtigen Absichten der Königin Juliane und des Prinzen Friedrich nicht vereinbaren. Man kann hieraus den wahren und einzigen Endzweck der Revolution ersehen und sich dadurch überzeugen, daß der König von einer wenigstens scheinbaren Vormundschaft zu einer Unterwerfung herabgesunken war, die man nicht einmal zu bemänteln trachtete.

Neun Commissarien waren unterdessen ernannt worden, um die Gefangenen gerichtlich zu vernehmen. Der Graf Struensee, sein Bruder, und der Graf Brandt wurden in Ketten und Banden geworfen. Der Obrist
Fal-

Falkenschiold war in einen engen und dumpfigen Kerker, wo man die Matrosen sonst einsperrte, gebracht worden; er fiel in Zuckungen, wodurch sein Leben in die äusserste Gefahr gerieth. Man bat den Prinzen Friedrich um Erlaubniß, ihn in ein gesunderes Gefängniß zu bringen; aber er verbot es, und antwortete mit einem höhnischen Lächeln: „Wer den Krieg mit den Türken geführt hat, muß im Stande seyn, eine solche Strafe auszustehen!" XIV. Der alte General Gude, Commendant von Copenhagen, den man nur aus Furcht, daß er die Besatzung hätte unter die Waffen bringen wollen, eingesperrt hatte, wurde seines Arrests entlassen, und die Frau von Göhler aus der Citadelle in ihr Haus gebracht, welches ihr zum Gefängniß angewiesen wurde. Mehrere Personen von verschiedenen Ständen, deren Gesinnungen verdächtig waren, wurden theils aus dem Königreiche, theils aus der Hauptstadt verbannt. Die

Wa-

Wachen wurden bei den übrigen Gefangenen verdoppelt, und die Commißion legte Hand an die Untersuchung der Briefschaften und Papiere, die in den Wohnungen der Gefangenen waren gefunden worden. Der englische Gesandte erhielt unterdessen die ersten Befehle seines Hofes. Man hatte keine Unruhe darüber bei dem dänischen wahrgenommen; dieser schmeichelte sich, daß, so lebhaft auch das Mißvergnügen des Königs von England über die, wider die regierende Königin vorgenommene Maaßregeln seyn dürfte, die englische Nation doch keinen Theil daran nehmen, und also keine Gefahr für Dännemark daraus entstehen würde. Der Gesandte erhielt auch einen Brief an den König von Dännemark, von dem Könige, seinem Herrn. Soviel man von diesem und von den Befehlen an den Gesandten vernehmen konnte, so bezeigte der englische Hof einen lebhaften Schmerz, aber keinen drohenden Unwillen über die vorgegan-

genen Auftritte; er überließ dem Könige die Entscheidung über das Schicksal seiner Gemahlin, und er begehrte nur, daß man in Behandlung dieser Fürstin, die ihrer Geburt und ihrer Würde gebührende Aufmerksamkeit in nichts verletzen sollte; billigte übrigens das Benehmen seines Gesandten. Der Herr von Keith erklärte indessen dem Graf von Osten, daß er den Befehl habe, Copenhagen zu verlassen, sobald man ein Ehescheidungsurtheil über die regierende Königin sprechen würde. Diese Drohung konnte nicht die mindeste Veränderung in den Absichten ihrer Feinde veranlassen; der schreckliche Entschluß, der ihr Schicksal entscheiden sollte, war schon gefaßt; man bedurfte eines Gerichts, um das Urtheil über sie zu sprechen, allein nicht, um es zu bestimmen; ihre Feinde waren zu erbittert, um sie zu verschonen, zu unempfindlich, um sie zu bedauren, und zu glücklich, um etwas zu besorgen. Es wurde nur beschlossen, daß
die

die Sache der Königin von dem Proceß der
übrigen Gefangenen gesondert, insgeheim geführt, und die Acten davon dem englischen
Hofe mitgetheilet werden sollten.

Es wurde nun mit Ernst an der Sache
der Gefangenen gearbeitet; aber die Erwähnung aller dieser gerichtlichen Proceduren würde hier so ekelhaft als überflüßig seyn. Ehe
ich aber zur Erzählung des endlichen und entscheidenden Ausgangs einer so wichtigen Rechtssache komme, muß ich, einige Betrachtungen
über die Hauptartikel der Anklage, welche
man endlich nach langer und mühseliger Arbeit wider die Grafen Struensee und Brandt
aufbrachte, hier vorausschicken. Wenn ich
den Zusammenhang der Erzählung damit unter-
breche: so ist es nur, um ein desto helleres Licht
auf das folgende zu verbreiten. Das Urtheil,
welches die zur Vernehmung der sämmtlichen
Gefangenen verordnete Commißion auszuspre-

N 3 chen

chen hatte, sollte nicht allein das Schicksal des Grafen Struensee und Brandt, sondern auch ihrer Anhänger und Freunde entscheiden. Um die letztern mit Schein des Rechts zu bestrafen, musten ihre Gönner von Verbrechen überzeugt werden, welche erheblich genug waren, daß eine Verbindung mit diesen zween Männern selbst ein Verbrechen war. Es wurde daher keine Mühe gespart, um die Beschuldigungen wider die zween Grafen zu häufen, und den Grund einer Anklage darinn zu finden, welche die Todesstrafe auf sie ziehen könne. Sie, und ihre gefangenen Freunde, wurden verschiedene mal vorgenommen und lange verhört. Die Standhaftigkeit verließ den Grafen Struensee bald, allein der Graf Brandt und der Leibarzt Berger zeigten immer einen ruhigen Geist und ein Betragen, welches aller Furcht überlegen war. Alle Personen, die mit ihnen in einiger Verbindung gewesen waren, wurden gerichtlich verhört,

hört, und alle mögliche Beweise wider sie, so
emsig als mühsam hervor gesucht. Aus die=
sen entstunden falsche, bedenkliche und lächer=
liche Anklagen wider sie und ihre Freunde, und
aus diesen Klagen floß endlich ein Urtheil,
welches denjenigen, die Antheil daran gehabt
haben, ewig zur Schande gereichen muß.

Die vornehmsten Punkte der Hauptan=
klage, welche man wider den Grafen Struen=
see aufbrachte, waren: I^{mo}. Ein entsetzli=
cher Anschlag auf die höchste Person des
Königs. II^{do}. Das Vorhaben, Sei=
ne Majestät zur Entsagung der Regie=
rung zu zwingen. III^{tio}. Sein Um=
gang mit der regierenden Königin. IV^{to}.
Die Art, womit er den Kronprinzen er=
zogen. V^{to}. Die grosse Gewalt, und
das entscheidende Ansehn, so er in den
Staatsangelegenheiten erworben. VI^{to}.
Die Art, womit er in der Verwaltung

dieser Angelegenheiten zu Werke gegangen war. — Die zween erstern Punkte waren ohne Grund; man traute sich auch nicht, sie in die endliche Hauptanklage, so der Generalfiskal Wivet wider ihn richtete, bringen zu lassen. Die blosse Vernunft verwirft diese zwo Anklagen. Struensee müste der einfältigste und unsinnigste von allen Menschen gewesen seyn, wenn er den mindesten Anschlag auf die Person oder die Gewalt des Königs gemacht hätte. Diese waren die einzigen Stützen seines Ansehns, unter diesen genoß er einen Schutz, vor welchen seine ärgsten Feinde zittern musten. — Allein, warum halte ich mich hier mit solchen Beweisen auf? Wer die Umstände der Revolution mit diesen Anklagen vergleicht, wird bald deren Grund und Absicht einsehen. Das Volk war noch kalt und unempfindlich; solche Gerüchte musten es aufbringen; nichts konnte denselben mehr Gewicht und einen bessern Anstrich

der

der Wahrheit geben, als wenn die zur gerichtlichen Vernehmung des Struensee ernannte Commißion sich einige Zeit und auf eine Art damit beschäftigte, wodurch solche Gerüchte zur allgemeinen Kenntniß gelangen konnten. Wer die Menge überreden will, muß sie betäuben — die arglistigen Richter des Struensee machten sich diese politische Regel vortreflich zu Nutze, um das Volk immer mehr wider ihn aufzubringen. Der dritte Punkt der Anklage ist wohl der einzige, wodurch Struensee vor den Augen der Gerechtigkeit strafbar gemacht werden konnte. Dieser unglückliche Mann, unter den Schmerzen gebeugt, durch die Drohungen der grausamsten Peinigung erschreckt, durch die Bedenklichkeit der Fragen, die man an ihn that, verwirrt, vielleicht auch durch die Hofnung verführt, daß das einzige Rettungsmittel für ihn wäre, die Königin Mathilde in seine Angelegenheit zu verwickeln, legte in dem Verhör, das den 21ten Hornungs gehalten

halten wurde, mit aller der Verwirrung eines beängstigten Gemüths ein Geständniß ab, wodurch er ihre Majestät äusserst beleidigte, und ein trauriges Licht über einen Zeitpunkt ihres Lebens verbreitete. Dieses Geständniß war ein neues Verbrechen, welches alle edle Seelen wider ihn empört, allein in der mißlichen Lage seines Gemüths war er hier jeder grossen Handlung und eines standhaften Betragens unfähig. Die Erziehung des Kronprinzen, wofür Struensee Belohnung und nicht Strafe verdiente, wurde ihm in dem vierten Punkte seiner Anklage, als ein Verbrechen vorgeworfen. Eine gewöhnliche Wirkung des Vorurtheils! Auch wenn dieses allgemein und mit dem Herkommen verjährt ist, muß jeder vernünftige Mensch die Kraft haben, es von sich abzuschütteln, und nicht immer Vernunft und Ueberlegung jedem Gebrauche, welchen er von seinen Voreltern ererbte, mit einer lächerlichen Ehrfurcht und einem unbe-

 203

bezwinglichen Eigensinne aufopfern, sonst wird
jeder Schwung des Genies bedenklich und gefährlich, jede gute Anstalt, wenn sie neu ist,
in eine Vergehung ausarten, jeder thörichte
und schädliche Gebrauch, wenn er alt ist, heilig bleiben, und die Menschheit bleibt ewig
dem Irrthume und der Unsicherheit Preiß gegeben. Diese Betrachtung kann hier sehr gut
angewendet werden. Die Art, wie der Kronprinz erzogen wurde, war gewiß neu, und
gemacht, um dieser Klasse von Menschen, die
ihre Trägheit oder ein unglückliches Schicksal
an der Denkungsart der verflossenen Jahrhun-
derte stets angekettet hält, äusserst befremdlich
vorzukommen. Diese Klasse ist vielleicht noch
zahlreicher in Dännemark, als in vielen andern Ländern; sie urtheilte ohne Ueberlegung,
warf mißvergnügte Blicke über diese Handlung des Struensee, und erhob darwider die
bedenklichsten Klagen. Seine Richter gehören zu dieser Klasse, wenn sie ihm durch Ue-
ber-

herzeugung seines Unrechts bei dieser Erziehung solche zur Last legten; sie gehören aber zu einer viel niedrigern Klasse, wenn sie es blos thaten, um alles, was den Schein eines Fehltritts haben konnte, blindlings wider ihn zu häufen. Die Grundsätze, worauf die Erziehung des Kronprinzen beruhete, werden Vernünftigen weder strafbar noch lächerlich vorkommen. XV. Der Erfolg zeigte vielmehr, daß selbige vernünftig und gründlich waren. Ehe diese Erziehungsart bei diesem jungen Fürsten eingeführt wurde, hatte er eine Disposition zu doppelten Gliedern, er war schwächlich, traurig, träg, furchtsam, ungeschickt, unwillig, eigensinnig, mit einem Worte: das dümmste und unartigste Kind, so man nur sehen konnte. Er wurde bald so stark, als man es von seiner Leibesbeschaffenheit hoffen konnte; er blieb immer gesund; seine Einimpfung hatte den vollkommensten Erfolg, er lernte die Hülfe seiner Aufwärterinnen entbehren,

ren, ward geschwind, geschickt und vorsichtig;
er verlor ganz die alberne Furcht, welche immer bei den Kindern die traurige Frucht der
unvorsichtigen Ermahnungen ist, er wurde
immer williger und munterer, zeigte Aufmerksamkeit und machte Anmerkungen, welche man
von Kindern seines Alters selten hört. Diese
ungekünstelte und ächte Erzählung macht jede
andere Betrachtung überflüßig. Eine mit
solchen Proben bestätigte Wahrheit ist über
alle Verläumdung erhaben.

Das Ansehn und die Gewalt, welche
Struensee erworben, und die Art, worauf
er solche, sowohl in Verwaltung der öffentlichen Geschäfte, als zu seinem eigenen Vortheile, angewandt hatte, waren die zween letzten Puncte, der wider ihn aufgebrachten Anklage. Wer seine Feinde kennt, würde vielleicht mit Recht behaupten, daß jeder von ihnen gleiche Umstände des Glücks, in Anse-

hung

hung der öffentlichen Angelegenheiten mit weniger Einsicht, und in Betracht der eigentlichen Vortheile, mit weniger Uneigennützigkeit, benutzet hätte. Das Bild, welches ich von seinem schnellen Emporsteigen, von seinen Absichten für die Verbesserung der äusserlichen und innerlichen Verfassung des Reichs, seinen dabei geführten Grundsätzen, und seinen übrigen Handlungen entworfen habe, ist wohl hinlänglich, um ihn über diese Anklagen zu rechtfertigen.

Das Ansehn, wozu Struensee sich empor schwung, die Gewalt, welche er erwarb, waren Wirkungen der Gnade, womit sein Monarch ihn beehrte, und des Vertrauens, so er in seine Talente setzte: diese Anklagen also fallen mehr auf den König, als auf denjenigen, der mit diesen Merkmalen seiner Huld beglückt wurde. Sie waren in dem Munde der Richter des Struensee eine ver-

wegene und Unterthanen nicht zuständige Miß-
billigung der Handlungen ihres Königs, wodurch sie sich öffentlich gegen seine Majestät
vergiengen. Dieses war also ein Gegenstand,
worüber ihre Ehrfurcht allein ihnen ein tiefes
Stillschweigen hätte auflegen sollen, wenn
solcher auch dem billigsten Tadel Platz gegeben hätte. Diese Richter waren in der Staatsklugheit zu wenig bewandert, um den Werth
oder Unwerth der politischen Handlungen
Struensee's zu erwägen und zu beurtheilen.
Sie erwählten auch in deren Prüfung einen
dieser Unerfahrenheit entsprechenden Weg, erhoben eine allgemeine sinnlose Klage darwider, und wagten nicht eine Zergliederung derselben zu unternehmen. Uebrigens war unter der Verwaltung Struensee's nichts im königlichen Cabinet geschehen, als unter der Au-
torität des Königs. Die Cabinetsbefehle,
wegen der Abschaffung des Staatsraths, der
Erhebung des Struensee's, und allen den andern

dern wichtigen Veränderungen, die man als die strafbarsten Vergehungen wider den Staat auslegte, wären alle mit der Unterschrift des Königs versehen worden; wer solche für verberblich und sträflich erklärte, spräch dem Könige selbst entweder alle Liebe für sein Reich, oder allen Verstand ab. Es gab hier keinen Mittelweg. Soweit vergiengen sich die Richter des Struensee und solchen Männern überließ man die Macht, über Gut, Ehre und Leben der königlichen Unterthanen zu sprechen! Was kann man von einem solchen Urtheile erwarten?

Wenn die geringen Einsichten der Richter des Struensee sie in eine so grosse Verlegenheit, wegen der Erwägung und Beurtheilung seiner politischen Absichten und Handlungen, gesetzt hätte: so fand dagegen ihr Neid und der Eifer, womit sie sich so sehr brüsteten, ein desto breiteres Feld in der Prüfung
seiner

seiner Privathandlungen, welche zu seinem Vortheile gereichen konnten, allein auch in diesem Felde verlor sich ihr Verstand in ungereimten und lächerlichen Anklagen: diese wurden soweit getrieben, daß man ihm jedes kleine Geschenk, das er von seinem Monarchen angenommen, zu einem Staatsverbrechen anrechnete. Die hauptsächlichsten dieser Anklagen waren mit einem sehr kenntlichen Gepräge gezeichnet, die Bosheit hatte sie erdichtet; und dieser Zug allein ist hinreichend, den Grund der richterlichen Handlungen wider den Struensee und seine Freunde in sein wahres Licht zu setzen. Es ist daher der Mühe werth, daß ich solchen mit seinen wahren Zügen und Farben hier ausmale.

Zu der Zeit, wo der König sich immer befliß, seiner Gemahlin mit der grösten Freundschaft zu begegnen, wo er den Struensee mit dem unumschränktesten Vertrauen beehrte, wo

Brandt

Brandt die Stelle eines Lieblings bei ihm einnahm, und wo der Obrist Falkenschiold in vorzüglichem Ansehen bei Hofe stund, hatte der Monarch der Königin 10000 Thaler geschenkt, Struensee und Brandt jeden mit 60000, und Falkenschiold mit 2000 Thalern begnadiget. Brandt stattete ihm den nämlichen Tag seinen ehrfurchtsvollsten Dank dafür ab, und der König beehrte ihn mit der Antwort, daß es billig wäre, daß er an ihn dächte und ihn einmal in bessere Glücksumstände setzte. Diese Geschenke, welche die Summe von 132000 Thalern ausmachten, waren in die Rechnung über die Partikularcasse des Königs für die Monate April und Mai des Jahres 1771. auf die gewöhnliche und gehörige Art eingetragen worden. So fand man sie auch bei Untersuchung der Papiere des Grafen von Struensee; da es aber hier um eine so beträchtliche Vermehrung seiner Glücksumstände und jener des Grafen Brandt zu thun war,

war, so sahen seine Feinde diesen Punkt als die wahre Quelle an, woraus sie eine wichtige Anklage wider ihn führen, und ihn eines schändlichen Betrugs überführen konnten. Die dazu nöthige Geschichte wurde folgendermaaßen erdichtet: Der König hatte der Königin 10000, dem Struensee und Brandt jedem 6000 Thaler geschenkt, sonst nichts, und diese Summen hätten also nicht mehr als 22000 Thaler ausgemacht. Nun war Struensee so zu Werke gegangen. Diese Summen von 6000 Thalern für Brandt und für ihn waren jede mit einer 0. vermehret worden; dieses machte mit dem Geschenke für die Königin 130000 Thaler aus. Um nun die vorigen 22000 in diese Summe auf eine geschickte Art zu verwandeln, so setzte Struensee eine 1 zu der Summe zu, veränderte die erste 2 in eine 3, und um sich der Mühe zu entheben, eine gleiche Verwandlung mit der andern 2. vorzunehmen, hatte er dem Obrist

Falkenschiold 2000 Thaler zukommen laſſen.

In der That eine ſeltene und völlig ausgekünſtelte Geſchichte, in den Augen feindlicher Richter wichtig, allein unpartheiiſchen Beobachtern höchſt lächerlich. — Die in der Klagſchrift des Generalfiskals Wivet und in dem Urtheil über dieſe Anklage angeführten Beweiſe beſtehen blos darinn, daß es unglaublich ſey, daß der König eine ſo groſſe Summe an zween ſeiner Unterthanen geſchenkt habe, beſonders in einem Augenblicke, wo er ſeine eigene Gemahlin beſchenken wollen, und ihr eine viel mindere Summe gegeben habe. Daß übrigens die Rechnung ſelbſt Anlaß zu vermuthen gäbe, daß eine Verfälſchung ihres erſten Beſtands vorgenommen worden ſey. Struenſee, der ſonſt wenig Standhaftigkeit in den Verhören gezeigt, hat dieſe Anklage immer für falſch erklärt, und niemand zweifelt, daß

selbige nichts, als eine bloße Erdichtung war.
Wem wird es auch wohl so sehr wunderbar,
ja unglaublich vorkommen können, daß ein
Monarch dem Mann, dessen er sich zur Regierung der ganzen Monarchie bediente und
der sich in Glücksumständen befand, die zu
seinem Ansehn wenig paßten, eine nahm-
hafte Summe Geldes schenkte, um ihn in eine bessere Lage zu bringen? Wer wird wohl
das Geschenk von 60000 Thalern so ausser-
ordentlich von Seiten eines Königs gegen seinen Liebling finden, dem dieser Herr eigentlich sagte, daß er ihn einmal in bessere Glücksumstände setzen wollte? Wem wird es wohl
einfallen, ein freundschaftliches Geschenk eines Fürsten an seine Gemahlin mit einer Gnade zu vergleichen, wodurch er den Grund zu
dem Wohlstande eines Unterthanen, dem er
vorzüglich geneigt ist, auf einmal legen will?
Ist es eine regierende Königin, oder ein un-
bemittelter Diener des Staats, der die Gna-

de und die Freigebigkeit des Monarchen bedarf, um ein seinem Stande gemäßes Vermögen zu erhalten? Wäre Struensee nicht thöricht gewesen, wenn er eine Frevelthat begangen hätte, um etwas zu erwerben, was er täglich von seinem Herrn selbst erhalten konnte? Die Thaten sprechen noch mehr als die Betrachtungen wider die Richter des Struensee. Die erwähnte Danksagung des Brandt an den König war bekannt, alle Zahlen von den 4. Summen und die den Falkenschiold betreffende Rubrik waren in der Rechnung mit gleicher Form der Buchstaben und mit gleicher Dinte geschrieben; der König war gewohnt, die Rechnungen gleich unter deren letzten Zeile zu unterschreiben, wie man es aus allen den andern ersehen konnte, mithin hätte die Einschaltung der Rubrik, so den Falkenschiold angieng, unmöglich statt finden können. Die Bilanz dieser Rechnung war auch in die nächstfolgende gebracht worden, und der König hatte die An-
wen-

wendung besagter Summen in dieser durch seine Unterschrift bestätigt. Der Freiherr von Schimmelmann, der die Gelder auszahlte, und Actien dafür verkaufte, hatte nicht minder vom Struensee selbst die Nachricht dieser doppelten Schenkung erhalten, welche ihm jener wohl nicht anvertraut haben würde, wenn er sich etwas deswegen vorzuwerfen gehabt hätte. Der stärkste Beweis von allen ist, daß die nämlichen Richter, die den Grafen Struensee hier einer betrügerischen Handlung überweisen wollten, dem Grafen Brandt als ein Verbrechen angerechnet haben, daß er sich von dem Könige 6000 Thaler habe geben lassen. Diese Richter allein konnten dieses königliche Geschenk und den Betrug des Struensee zu Gunsten seines Freunds mit einander vergleichen. Sie hatten einen andern Beweiß ihrer Anklage, womit sie dieselbe unumstößlich machen wollten.

Die Rechnung und zugleich die Anmerkung, daß diese ausserordentlichen Merkmale der königlichen Huld gegen Unterthanen unglaublich seyen, waren der Einsicht des Königs unterworfen worden, und dieser Fürst hatte geantwortet, daß er sich dieser grossen Schenkungen nicht erinnerte. — Wer aus meiner bisherigen Erzählung den traurigen Gemüthszustand des Königs ersehen hat, wird leicht einsehen, wie wenig eine solche Aussage, vor den Augen der Gerechtigkeit, wo die Gründlichkeit allein einen Werth haben kann, wider den Struensee beweisen konnte. — Allein hier war es nicht um das Recht, sondern um die Weise zu thun, die darinn vorgeschrieben ist.

Ich komme nun zu der Hauptanklage, die wider den Grafen Brandt angebracht wurde. Wenn ich diese in allen ihren Theilen hier zergliedern wollte, so würde ich auf Gemälde ver-

verfallen, welche mit der Ernsthaftigkeit meines Gegenstands schwer zu vereinbaren wären, so lächerlich sind sie in jedem Gesichtspunkte, woraus man sie betrachten will.

Die wider den Grafen Brandt häufig erhobenen Beschwerden waren nur unbestimmte, unbewiesene und unbedeutende Handlungen, welche dem menschlichen Wesen, und nicht dem einzelnen Menschen eigen sind: sie beruheten mehr auf Gesinnungen, die man ihm zumuthete, als auf Thaten, die er wirklich begangen hatte. Man warf ihm eine zu grosse Ergebenheit für den Struensee, eine stete Sorgfalt, jeden Feind dieses Ministers von dem Könige zu entfernen, ein stolzes Betragen gegen jedermann, ein ehrfurchtloses und bößgemeintes Benehmen gegen den Prinzen Friedrich, da er ihm, als Oberaufseher der Schauspiele, eine andere Loge als die königliche angewiesen habe, endlich die Erhaltung von erwähnter Summe von 60000 Thalern vor. Diese Handlungen waren seinen Richtern eben so viele wichtige Staatsverbrechen; doch es würde schwer gewesen seyn, ihn deswegen zum Tode zu verurtheilen, daher setzte man diesen Beschwerden eine andere Handlung zu, welche man als ein Verbrechen gegen die königliche Majestät im höchsten Grade auslegte. Von diesem Augenblicke an war das Verderben des Grafen Brandt beschlossen. Dieser Umstand ist wohl einer der merkwürdigsten von dieser Revolution, deren ganzer Zusammenhang so sonderbar und so seltsam ist!

In den gewöhnlichen Spielen des Königs mit dem Grafen Brandt hatte dieser den Monarchen in den Finger gebissen. — —

Hierinn bestund die ganze schreckliche That; allein so wurde sie nicht vor die Commißion ge-

gebracht. Ein schwülstiges Gepränge von Worten stellte sie unter den erschrecklichsten Farben dar. Es war eine Verschwörung zwischen Struensee und Brandt wider die höchste Person des Königs, um die Ehre des Lieblings wider einen höhnischen Ausdruck des Monarchen zu rächen! Struensee hatte Brandt dazu verleitet; dieser hatte alle Bediente weggeschaft, seinen Herrn überfallen, ihn beim Halse ergriffen und das entsetzlichste Verbrechen an seiner höchsten Person begangen. Hier sind die eigentlichen hieher gehörigen Ausdrükke des Endurtheils, das nach der Hinrichtung der beiden Grafen ist gedruckt worden:

„Der Graf Brandt, durch einige an-
„zügliche Ausdrücke des Königs aufgebracht,
„hatte das Vorhaben gefaßt, sich dafür zu
„rächen. Er eröfnete es dem Grafen
„Struensee, und entwarf mit ihm den
„Plan zur Vollstreckung seiner Rache. Es
„war

„war beschlossen worden, wann und wie
„er den König angreifen sollte; er hatte
„sogar die Waffen vorbereitet, deren er sich
„dazu bedienen wollte; allein nach reife-
„rer Ueberlegung fand er für gut, keine
„zu gebrauchen. Struensee brachte ihm
„die Nachricht, daß der König allein wä-
„re; Brandt befiehlt allen Bedienten, sich
„aus dem Vorzimmer zu begeben, geht
„zum Könige hinein und verriegelt die
„Thür. Er redet den Monarchen anzüg-
„lich an, zwingt ihn zu einer lebhaften
„Ahndung, worauf er seinen Herrn er-
„greift, ihn am Halse verwundet, und —
„in den Finger beißt."

Jedermann ward durch eine solche Anklage aufgebracht; man fand deren Wendung
äusserst seltsam, gegen die Person des Königs
sehr verwegen, und in Ansehung des Grafen
Brandt ungereimt; sie wurde allgemein ver-
höhnet

höhnet und von niemand geglaubt. Ich habe das Wahre davon bereits angeführt. —
War dieses ein Verbrechen, welches ein schmählicher und schmerzhafter Tod allein büssen konnte? — Die Empfindung empört sich, wenn man diese entsetzliche Handlung der Richter des Grafen Struensee und Brandt mit kaltem Blute überlegt. So waren die Anklagen beschaffen, welche diese wider ihr Leben verschworne Richter gegen sie aufbrachten. Sie fanden keinen Anstand zu ihrer Verurtheilung, denn diese war schon beschlossen, sie empfanden aber eine grosse Verlegenheit wegen der Art, das Endurtheil aufzusetzen. Sie durften nicht das einzige Verbrechen des Struensee darinn ausdrücken, und konnten sich nicht verbergen, daß Struensee und Brandt auf gar keine andere Art den Tod verdient hatten. Sie brauchten daher viele Zeit, noch andre Beschwerden wider sie hervor zu suchen. XVI.

Nun würde die wesentliche Handlung der grossen Rechtssache, welche die Revolution nach sich zog, durch vier dazu eigends ernannte Commissarien vorgenommen. Diese waren der Graf Thott, der Freiherr von Schak-Rathlou, beide Glieder des neuen Staatsraths, der Herr Juel-Wind, Justitiarius des höchsten Gerichts, und der Generalprocurator Stampe. Sie begaben sich den 9ten März nach dem Schlosse Cronenburg, um die regierende Königin zu verhören. Der Herr von Schak führte das Wort bei diesem wichtigen Auftritte. Eine lange Reihe von schmerzlichen, in der traurigsten Einsamkeit und in der quaalvollesten Unruhe zugebrächten Tagen hatte die Seele dieser edelmüthigen Fürstin nicht gebeugt: sie empfieng die Commissarien mit einer ruhigen Würde, worinn die Stärke ihres Geistes sich in ihrem ganzen Umfange zeigte. Die verwickelten und listigen Fragen, die man an sie that, waren nicht vermögend, ihren Verstand

stand in Verwirrung zu bringen; ihre Antworten waren edel, kurz und genau; sie behauptete, daß sie sich nichts vorzuwerfen habe, und setzte die Commissarien durch dieses standhafte und ihnen unerwartete Betragen in die größte Verlegenheit. Als der arglistige Schak alle Hofnung, den Verstand der Königin zu überwinden, verlor, glaubte er, daß ihr Herz die Kraft nicht haben würde, einen gleichen Angriff auszuhalten und versprach sich, sie auf dieser Seite so sehr zu übervortheilen, als die Fürstin sich auf der andern über alle seine Kunstgriffe weit erhoben hatte. Er bediente sich also, um das Geständniß, das man zu der schon beschlossenen Verurtheilung der Monarchin brauchte, von ihr zu erhalten, eines Bubenstücks, welches ihn zu einer Handlung verleitete, wodurch sein Name auf immer befleckt ist. Es war nicht mehr dieser edeldenkende Mann, der ehemals Rang, Ansehn und Vermögen eher aufopfern, als in einem

nem Rathe bleiben wollte, dessen hergebrach-
te Gewalt herabgesetzt wurde; er war jetzt
ein schleichender Höfling, der sich zu allem
brauchen ließ, wenn man ihm nur Gunst und
Ansehen bei Hofe, oder Geld, versprach; der
alle Stärke der Seele verlohren, und nichts
eigenthümliches mehr im Charakter hatte; der
nur dem Mächtigen schmeicheln, dem Schwachen trotzen, und die Gutherzigen betrügen
konnte. Eine lange und schmerzhafte Krankheit hatte seinen Verstand geschwächt, der Ue-
berdruß eines unbemittelten Zustands hatte seine Seele bis zum schnöden Eigennutz ernie-
drigt, und ihn um sein ganzes Ansehn bei
den Edeldenkenden gebracht; hier vollführte
er den letzten Zug an dem Bilde, das ich von
ihm entwerfe. Er sagte auf einmal der Königin, daß der Graf Struensee ein für ihre
Würde und Ehre höchst beleidigendes Geständniß in dem Verhör vom 21sten Hornung ab-
gelegt hätte. „Es ist nicht möglich," rief

die

die erschrockene Monarchin aus, — „Nein, Struensee hat dieses nicht gethan, und wenn es geschehen ist, so leugne ich alles, was er gesagt hat." — Schak, zu listig, um diesen ersten Augenblick des Schreckens nicht eifrig zu benutzen, setzt hinzu, daß Struensee dieses Geständniß in dem folgenden Verhöre erneuert, bestätiget und unterschrieben habe; nun aber, weil die Königin selbigem widerspräche, ein Verläumder seiner eigenen Monarchin wäre, und zu der Classe der verwegensten Beleidiger der Majestät gehöre, dessen Verbrechen nur durch die schrecklichste Todesstrafe abgebüßt werden könnte.

Dieses war ein Donnerschlag für die unglückliche Fürstin; sie fiel betäubt auf ihren Lehnstuhl zurück, Todesblässe verbreitete sich über ihr Gesicht; die Ehre und Empfindung stritten und rungen mächtig in ihr. Sie kam wieder zu sich und sagte mit schwacher Stimme:

me: „Und wenn ich gestehe, was Struensee ausgesagt hat, darf alsdenn der Unglückliche von der Gnade meines Königs hoffen?" – – – – Ihre holde Augen erhoben sich zugleich gegen Schak, und ein Blick voll Furcht und Hofnung sagte, was ihre zitternden Lippen nicht mehr vortragen konnten. Dieser erheiterte sogleich sein Gesicht, nahm die betrügerische Miene der Ruhe, machte eine Bewegung, welche die Königin für günstig nehmen konnte, und legte ihr zugleich ein Papier vor, das die Anklage wider sie enthielt und dem zur Erfüllung der Absichten ihrer Feinde nichts, als ihre Unterschrift, fehlte. Nun ward der innerliche Kampf, der die Königin beunruhigte, stärker, und ihr ganzes Wesen war in der heftigsten Bewegung. Auf einmal scheint sie sich durch den gewaltsamsten Schwung über sich selbst zu erheben, ergreift eine Feder, und ihre zitternde Hand fängt an, ihren Namen zu zeichnen. Sie hatte nur **Carol**– geschrieben, als sie wiederum einen Blick auf Schak wirft; sie sieht seine Augen begierig auf ihre Hand gerichtet, sie sieht ihn vor Ungeduld zittern; sie entdeckt in seinem Gesichte die tückische Freude der siegenden Verrätherei. — Wie ein Blitz durchdringt dieser Strahl von Licht ihr ganzes Wesen, sie wirft die Feder bebend weg und ruft: „Ihr betrügt mich schändlich! Struensee hat mich nicht angeklagt, ich kenne ihn. — Nein! er kann es nicht gethan haben!" — Sie will aufstehen, ihre Knie sinken unter ihr, und sie fällt halb ohnmächtig zurück. Hier übersteigt die Dreustigkeit des Schak alle Schranken; er hebt die Feder auf, setzt sie in die Hand der Königin, ergreift diese, führt sie, und ehe die Fürstin, die wie in einem unseligen Traum verwickelt, ihren Namen unter dieser Führung mechanisch aufschrieb, zu sich selbst kam, waren die Buchstaben ine Mathilde dem ersten Carol- schon hinzugesetzt. Die Commissarien begaben sich sogleich hinweg. Ihre

P 2

Ent-

Entfernung that eine schreckliche Wirkung auf das Gemüth der Königin, es war, als wenn sie das Schicksal, welches ihr und ihren Anhängern bevorstund, auf einmal ganz durchschaut hätte. Sie fiel aus einer Ohnmacht in die andere, gerieth in den gefährlichsten Zustand und brauchte eine lange Zeit sich wieder zu erholen.

Nach Beendigung der sämmtlichen Verhöre, worinn die Freunde des Grafen Struensee und Brandt gerichtlich vorgenommen wurden, schritt man zur Ernennung eines grossen ausserordentlichen Raths, welcher die Angelegenheiten der regierenden Königin vornehmen und das Endurtheil darüber sprechen sollte. Jeder derjenigen, so dazu bestimmt waren, hatte seine Belehrungs- und Verhaltungsbefehle schon erhalten. Das Endurtheil war bereits ingeheim aufgesetzt und das Schicksal der Monarchin entschieden; allein der Augenblick, worinn um es Dännemark und der Welt bekannt werden sollte, war für die königliche Familie zu bedenklich, für das Reich zu wichtig und für ganz Europa zu merkwürdig, um ihn nicht mit allen dem Aeusserlichen zu begleiten, worunter dessen wahrer Grund verborgen bleiben könnte.

Man vergaß also nichts, was dieser wichtigen Handlung den Schein der Grösse, der Unpartheilichkeit und der Gerechtigkeit geben konnte. Der ausserordentliche Rath, der ernannt wurde, bestund aus 35 Gliedern, und unter diesen waren: der Bischof von Copenhagen und 4 andere geistliche Räthe; die 4 Minister, Grafen von Thott und Osten, Freiherr von Schak-Rathlou, Admiral Römling; die Glieder der Commißion, welchen die Sache der übrigen Gefangenen bis zu dieser Zeit anvertrauet worden; die zu dieser Commißion nicht gehörigen andern Glieder des höchsten

Gerichts; zwei Officiers von den Landtruppen, zwei von den Seetruppen, einige Staatsräthe und ein Chef der Bürgerschaft. Der Anwald des höchsten Gerichts, Uhldal, ein Mann, der durch seine gründliche Kenntniſſe und groſſe Beredſamkeit bekannt war, wurde der Königin Mathilde zum Vertheidiger gegeben. Die ſämmtlichen Richter und die wider und für die Monarchin ernannten Anwälde wurden ihres Eids entlaſſen. Niemand wurde durch dieſe Vorbereitungen betrogen und die Folgen davon erfüllten nur zu ſehr die allgemeine Erwartung. Die erſte Sitzung dieſes groſſen Raths wurde den 24ſten März gehalten. Der Anwald Olas Lund Bang, dem die Sache wider die regierende Königin aufgetragen worden, erſchien im Namen des Königs wider dieſe Fürſtin und beſchloß eine lange Rede, worinn er die Schranken der Mäſſigung, der Ehrfurcht und des Anſtands oft übertrat, mit dem Begehren, daß ein Ehe-
ſchei-

scheidungsurtheil zwischen dem König und der Königin ausgesprochen würde. Ihr Vertheidiger begehrte, daß der Spruch des Urtheils 8 oder 10 Tage aufgeschoben werden möchte, damit er hinlängliche Zeit hätte, sich mit ihr über die Vertheidigungsmittel für sie zu besprechen, welches ihm gewährt wurde.

Er begab sich zufolge dieser Erlaubniß nach Cronenburg, und hatte daselbst mit der Königin eine lange, wichtige und rührende Unterredung. Jetzt stand die unglückliche Fürstin, in einem zarten Alter, mit allen den Gaben geschmückt, welche ihr eine dauerhafte Glückseligkeit hätten versichern können, auf dem Rande eines Abgrunds, worinn ihre Ehre, ihre Würde, ihre Ruhe auf immer verschlungen werden sollten, ein einziger Tag sollte ihr Gemahl, Kinder und Thron entreißen, und sie sollte diesen Verlust überleben! Welche entsetzliche Betrachtungen! — Die Königin

nigin empfand sie in ihrem ganzen Umfange; ihr ganzes Gefühl ergoß sich in die Ausdrükke, womit sie die schreckhaften Bilder, wovon ihre Seele voll war, dem Uhldal entwarf. „Ich würde untröstlich seyn," sagte sie zu ihm, „wenn die mindeste meiner Handlungen dem Könige und seinem Reiche einen Nachtheil zufügen könnten; — Ich war vielleicht unvorsichtig, aber nie übel gesinnt; mein Geschlecht, mein Alter, die Umstände worinn ich war, sollten meine Entschuldigung seyn. — Ich war vor dem Argwohne immer zu ruhig, diese Ruhe hat mich verführen können — die Gesetze reden wider mich, ich verehre demüthig ihren schreckbaren Sinn, sie müssen aus dem Munde meiner Richter wider mich reden — ein wahrer Trost für mich! — Ich hoffe, daß sie in diesem Munde ihre Schärfe verlieren werden. — Mein König, mein Gemahl, muß ihren Spruch bestätigen. O! da lebt meine ganze Hofnung wieder
auf.

auf. — Er wird mich nicht verstoßen, er wird mich nicht in enbloses Elend herabstürzen" — Die Thränen und die Seufzer der Königin hatten diese rührende Rede oft unterbrochen; sie fand endlich einige Ruhe mehr in ihrer eigenen Schwäche, als in der Verminderung des Peinigenden ihrer Gefühle. Sie redete den Uhldal ruhiger an, und verabredete mit ihm die Mittel, deren er sich zu ihrer Vertheidigung bedienen sollte.

Die zweite Sitzung des ausserordentlichen Raths war den 2ten April. Der Anwald Uhldal erschien vor ihm mit seiner Antwort auf die Klagschrift des Anwalds Bang, und redete für die Königin auf eine Art, welche seinen Talenten und seinem Ruhme vollkommen entsprach. Er mahlte den Zustand, den Schmerz und die Gesinnungen der Königin mit den rührendsten Zügen; seine Beredsamkeit drang sich mit den bewegendsten Ausdrükten zu dem Herzen seiner Zuhörer, um sie über einen Auftritt zu rühren, wo eine Königin von ihrem Gemahle selbst angeklagt, unter dem schrecklichsten Verdacht gebeugt, vom Throne herabstieg, sich, gleich dem geringsten Unterthan, unter den Schutz der Gesetze begab; wo eine Fürstin, welcher die Stimme einer ganzen Nation den holden Namen einer Mutter des Vaterlands gegeben, vor dieser Nation erschien, und die Entscheidung ihres Schicksals von ihrem Spruch erwartete! — — Uhldal brachte eine wichtige Frage vor: er setzte in Erwägung, ob es dem Ansehen des Königs, des königlichen Hauses, und der ganzen Nation nicht angemessener wäre, die Königin in dem ihr gehörigen Range durch einen öffentlichen Spruch zu bestätigen, als ihr denselben durch ein Urtheil zu nehmen, wodurch der König selbst vor den Augen seiner Nation und der ganzen Welt so sehr herabgesetzt würde? Er nahm hierauf die Klagschrift des Bang vor,

vor, und prüfte den weitläuftigen Inhalt derselben. Er zeigte aus den dänischen Gesetzen, daß die Gerechtigkeit kein Urtheil wider die Königin blos nach den Erklärungen des Grafen Struensee und ihrem Geständnisse selbst sprechen könnte. Er zeigte die Unzulänglichkeit vieler wider sie aufgebrachten Anklagen und Zeugnisse. Er ermahnte die Richter, nach diesen Gesetzen mit der genauesten Pünktlichkeit zu handeln. Er machte endlich eine rührende Abbildung des Lebens der Königin bis zu dem Zeitpunkte, wo die wider sie erhobene Anklage den Anfang nahm; sie war die zärtlichste Gemahlin, die beste Mutter, die würdigste Königin, ihr Verstand eröfnete noch die tröstende Aussicht, sie diese Tugenden wiederum üben zu sehen.

Mit dieser reitzenden Hofnung erfüllt, äusserte er am Ende seiner Rede das Begehren, daß die Königin Caroline Mathilde von allen wider

wider sie von Seiten des Königs aufgebrach‍ten Klagen frei gesprochen würde. Dieser ganze Auftritt gereichte dem Uhldal zur Ehre; allein die Sache der Königin erhielt davon kei‍nen Vortheil. Ihr Schicksal wurde den 6ten April in der dritten Sitzung des grossen Raths entschieden. Ein förmliches Ehescheidungs‍urtheil trennte die Königin von ihrem Ge‍mahle.

Man berathschlagte sich sehr lang über die wichtige Frage: ob man die Prinzeßin Loui‍se Auguste in das Unglück verwickeln und ihr die Vorzüge ihrer Geburt entziehen sollte? Dieser Umstand war in Ansehung der Erbfol‍ge sehr wichtig; denn die Prinzeßinnen des kö‍niglichen Hauses, sind durch das, von dem Kö‍nige Friedrich dem Dritten den 14ten des Win‍termonats 1665 errichtete, und von allen sei‍nen Nachfolgern bestätigte königliche Gesetz, berechtiget, den dänischen Thron, in Erman‍gelung

gelung männlicher Erben, zu besteigen. Die Prinzeßin Louise war aber bei ihrer Geburt an dem englischen Hofe und an allen andern Höfen als eine Tochter des Königs angegeben worden; es war daher sehr bedenklich, sie auf einmal für unehelich zu erklären. Man beschloß, diesen wichtigen Punkt vor der Hand noch unentschieden zu lassen. Man nahm aus Furcht vor dem englischen Hofe den fernern Entschluß, der grossen Handlung der Ehescheidung zwischen dem Könige und der Königin keine andere Oeffentlichkeit zu geben, als jene, welche zu deren Bekanntmachung an den verschiedenen Departements unumgänglich nöthig war. Die Nachricht davon wurde ihnen durch eine kurze Note, worinn der Anlaß der Ehescheidung nicht erwähnt war, zugefertiget. Die dänische Canzlei erhielt den Aufsatz des Endurtheils, um solchen in ihrem geheimen Archiv den künftigen Zeiten zu verwahren. Der Justitiarius des höchsten Gerichts, Juel Wind, be-

bekam den Auftrag, dieses traurige Urtheil der Königin Mathilde kund zu thun, und er erfüllte ihn den 9ten April in Gegenwart des Gouverneurs zu Cronenburg. Seit diesem Augenblick wurde die Strenge ihres Verhafts gemindert, und der englische Gesandte erhielt die Erlaubniß, sie zu besuchen, so oft sie es verlangen würde. Der Schlag war angebracht, und ihre Feinde hatten von ihr nichts mehr zu besorgen.

Nach Vollendung dieser wichtigen Auftritte schritt man zur Verurtheilung der Grafen Struensee und Brandt. Die zu den gewöhnlichen gerichtlichen Proceduren erforderliche Zeit veranlaßte allein einen Aufschub des traurigen Endes, welches ihnen beiden bestimmt war. Der Generalfiskal Wivet erschien den 21sten April als ihr Ankläger, und erfüllte dieses ernsthafte Amt auf eine so spöttische und unanständige Art, daß der Vertheidiger der

bei-

beiden Grafen, der Anwald Uhldal, sich nicht
enthalten konnte, diesem niederträchtigen Manne in seiner Antwort öffentlich vorzuwerfen,
daß er die nur zu gehäuften Unglücksfälle des
Grafen durch die Verachtung und Lächerlich-
keit, so er auf ihre Handlungen zu werfen sich
bemühet hatte, auf eine ihnen sehr unerwartete, das Gefühl empörende und die Wichtigkeit seines Amts entehrende Weise noch vermehret hätte. Die ganze Rede des Herrn
Wivet gegen den Grafen Struensee ist eine kraft-
lose und gehäßige Abbildung von dem Leben
dieses Ministers, worinn dessen gleichgültigste
Umstände unter den Farben des Verbrechens
und der Ruchlosigkeit geschildert waren; ihre
spitzfindigen Sätze konnten den Ungrund der
sämmtlichen Anklagen nicht verheelen. Die
Vertheidigungsschrift des Anwalds Uhldal, womit er den folgenden Tag vor der Commißion
erschien, war in einem ganz andern Tone abgefaßt. Sie war edel und einfach, und ver-

nich-

nichtete mit leichter Mühe alle die ungereimten Anklagen, welche sie bekämpfen sollte. Vor einer Commißion, welche das Verderben des Struensee nicht bereits geschworen hätte, würde sie, ausser in einem einzigen Punkte, seiner Sache den vollkommensten Sieg versichert haben. Allein diese gedungene Commißion hatte schon eine andere Vertheidigung von ihm verachtet und verworfen; er selbst hatte sie im Gefängniß aufgesetzt; er hatte seine Absichten und Handlungen darinn in einem anständigen und ungezwungenen Tone und mit dieser, ohne alle Gesuchtheit des Ausdrucks, rührenden und der Wahrheit allein eigenen Beredsamkeit geschildert. Was ich von dem Ungrunde der wider die Grafen Struensee und Brandt erhobenen Anklagen bereits gesagt habe, ist hinlänglich, jedes Urtheil über den Inhalt dieser drei Schriften ohne deren umständlichere Erwähnung zu bestimmen.

Der

Der 25ste Tag des Monats April war der für den Grafen Struensee und Brandt so schreckliche Tag, wo die nur mit Blut zu sättigende Rache ihrer Feinde die Stimme der Gerechtigkeit verfälschte und entehrte, um sie in die niedrige Classe der ruchlosen Missethäter zu stürzen, ihnen Ehre, Leib und Guth abzusprechen und Schande, Entsetzen und Abscheu über ihre letzten Augenblicke zu verbreiten. XVII. Das Endurtheil ist eines der seltensten Stücke, welche die Anualen der Gerechtigkeit enthalten. Struensee war eines einzigen Verbrechens überwiesen worden, Brandt war unschuldig. In dem Urtheile ist das Verbrechen des Struensee nicht ausgedruckt und der ganze Inhalt davon ist eine bis zum Eckel lange Erzählung von unbestimmten Handlungen, deren keine den Grund zu einem Todesurtheile geben konnte: und auf solchen Gründen beruhet an dessen Ende der Spruch der schändlichsten und grausamsten Strafe wider die Angeklagten! — Die Empfindung hat keine Ausdrücke, um ihr Entsezten zu schildern — Dieses schreckenvolle Urtheil wurde sogleich nach gehaltenem Rathe den beiden Grafen vorgelesen, und sie hörten es mit Demuth und Unterwerfung an, erhoben keine unbescheidene Klage darwider, und empfahlen sich der Gnade des Monarchen, als dem einzig überbleibenden Schutze gegen die Strenge der Gerechtigkeit. Aber die Erfüllung ihrer einzigen Hofnung konnte keine Statt finden. Die Dreistigkeit der herrschenden Parthei gieng gar soweit, daß man öffentlich sagte: der König hätte die für die Begnadigung des Grafen Brandt gethane dringenden Bitten verworfen, und dessen Verurtheilung wider alle Vorstellungen unterschrieben. Allein die Leute von Ehre wurden durch diese Aussage äusserst aufgebracht — wie hätte sie auch bei ihnen Glauben finden können? Der König war jeder überdachten Handlung unfähig: eine Bestätigung des Urtheils wider die beiden

Gra-

Grafen wurde ihm den 27sten vorgelegt, und man wuste, daß er sie, als wenn es um einen Befehl zu einer Fete zu thun wäre, unterschrieben hatte. Es war von der Commißion beschlossen worden, daß nicht der gewöhnliche Richtplatz, sondern eine sehr grosse, nahe bei der Stadt liegende Ebene zur Scene der Hinrichtung der beiden Grafen geräumt werden sollte.

Dieser Auftritt nahm den folgenden Tag um 9. Uhr des Morgens seinen Anfang. Der Doktor Münter begleitete den Grafen Struensee, und der Pastor Hee den Grafen Brandt auf die Blutbühne. Brandt bestieg sie mit einem ruhigen Muthe, woraus man sehen konnte, daß er immer noch hofte, Begnadigung zu erhalten. Dieser Strahl von Hofnung, welchen das Bewustseyn seiner Unschuld bis zu diesem Augenblicke in ihm erhielt, muste endlich verschwinden, die Seele des Unglück-

Q 2 lichen

lichen verlor ihn, ohne dadurch gebeugt zu werden. Er wurde zuerst hingerichtet, sah mit standhafter Gelassenheit die rechte Hand abhauen; er erwartete mit gleicher Stärke den herannahenden Tod, und empfieng ihn mit einer heldenmüthigen Unerschrockenheit. Der Kopf des Hingerichteten wurde den zahllosen Zuschauern verschiedenemal zum Ansehn vorgehalten. Struensee zeigte nicht soviel Standhaftigkeit; die Hand wurde ihm auf die ungeschickteste und schmerzhafteste Art abgehauen; er stund mit Ungestüm auf, und muste mit Gewalt auf den Klotz niedergedrückt und gehalten werden, wo er den Streich des Todes empfieng. Diese beiden Auftritte giengen mit Langsamkeit und Unordnung vor, und verursachten eine unmenschliche Verlängerung der Leiden der Unglücklichen. Ich übergehe das Uebrige dieses abscheulichen Auftritts, keine Feder ist fähig, dieses zu beschreiben, kein Leser, in dessen Herz alles Gefühl, alle Wärme

nicht

nicht erloschen ist, würde dieses Bild des Entsetzens und Grausens ertragen können; die mindeste Erwähnung davon würde die Menschheit selbst entehren. Es that auf die zahlose Menge der Zuschauer eine auffallende Wirkung; sie hatten sich nach dem Richtplatze mit diesem wilden Ungestüm begeben, welcher dem Volke eigen ist, wenn man seinen Zorn und seine Ungeduld wider unglückliche Glieder lange aufgehetzt und durch alle erdenkliche Vorbilder erhitzt hat; sie kehrten von der blutigen Scene gesättigt zurück; die Abscheulichkeit des ganzen Auftritts hatte die Erwartungen ihres Zorns übertroffen; ihre Rache wider die Hingerichteten war erloschen, und in einem so kurzen Augenblicke konnten sich ihre Herzen, das in ihnen noch unbewust schlagende und noch unbestimmte Gefühl des Mitleidens für sie noch nicht gestehen; man sah diese unzählige Schaaren durch ein einziges Thor, ohne Gedräng, in einer bangen Stille in die Stadt zurückgehen;

man

man sah sie ruhig sich in die verschiedene Quartiere vertheilen. Diese grausenden Scenen wurden mit der empörenden Grausamkeit vollendet, womit sie angefangen waren. Man nahm ohne Noth den Umweg um die ganze Stadt, um die traurigen Ueberbleibsel der beiden Grafen nach dem Platze zu führen, worauf selbige den allgemeinen Blicken ausgesetzt bleiben sollten. Es war, als wenn man sich beflissen hätte, diesen Tag der Rache mit Allem, was die Grausamkeit und Niederträchtigkeit nur erfinden können, zu beflecken, und auf ewig zu entehren.

Die ausserordentliche Stille, welche nach diesem Tage in der ganzen Stadt herrschte, und ein überzeugendes Bild des allgemeinen Mißvergnügens war, mißfiel den Urhebern der Revolution. Man glaubte, daß es nöthig wäre, das Endurtheil wider die Grafen Struensee und Brandt, und mit ihm das Verzeichniß der Verbrechen,

de-

deren man sie anklagte, dem Volk durch den
Druck vorzulegen. Dieses Mittel that eine ganz
anderen Wirkung, als man hoffte. Man sah
nichts in diesem Urtheile, als die Begierde, die
beiden Grafen strafbar zu finden, und eine lan=
ge Kette von ungereimten Schlüssen, um die=
sen Endzweck zu erreichen. Das Urtheil über den
Grafen Brandt, empörte besonders jedes Ge=
müth, und das allgemeine Mißvergnügen konn=
te nicht verkannt werden.

Die Commißion, welcher die Angelegen=
heiten der Anhänger der beiden Grafen sowohl,
als die ihrigen anvertraut worden, bekümmer=
te sich wenig um sie, nachdem sie ihren Haupt=
endzweck durch die Hinrichtung der beiden Gra=
fen erreicht hatte. Sie ließ die Elenden im
Gefängnisse und in einer marternden Unge=
wißheit über ihr Schicksal auf das grausamste
verschmachten. Nach einer Zeit von 8. Ta=
gen schickte sie erst alle Papiere, die diese An=

Q 4 gele=

gelegenheit bestrafen, an den Senatsrath; dieser lehnte dieses Geschäfte von sich ab; endlich nach langem Streiten wurde den Ministern befohlen, ein Urtheil darinn zu sprechen, dieses fiel folgendergestalt aus: die Frau von Göhler wurde ihres Hausarrests entlassen, mit dem Verbote nie bei Hofe zu erscheinen. Der Contreadmiral Hansen verlor seine Stelle eines Deputirten bei dem Collegium der Admiralität. Der Obristlieutenant Heßelberg, und der Legationsrath Sturz, erhielten den Befehl, sich in einer kleinen Stadt in Seeland niederzulassen. Der erstere behielt eine Pension von 300, der andere eine von 500 Thalern. Der Lieutenant Aboe wurde von aller Anklage freigesprochen, und es wurde ihm befohlen, zwei Jahre außer dem Königreiche zuzubringen. Der Etatsrath Willebrandt und der Leibarzt Berger wurden, mit einer Pension von 300 Thalern, aus der Hauptstadt verwiesen, letzterer mit dem

Be-

Befehle die übrigen Tage seines Lebens zu Aalborg in Jütland zuzubringen. Drei andere Gefangene erwarteten noch ihr Urtheil, ihre Sache wurde nicht sobald erörtert. Diese waren der Generallieutenant Göhler, der Obrist Falkenschiold, und der ehemalige Finanz-Deputirte Struensee. Das Urtheil über den Erstern ist merkwürdig und kann zum Muster der Art dienen, womit man wider die andern verfuhr: der unglückliche Kriegsmann verlor Stelle, Rang und Gehalt, wurde aus den Inseln Seeland und Fühnen und dem Herzogthum Schleßwig verwiesen und behielt nur eine Pension von 1000 Thalern; die Ursache dieser Strafe war, nach den eigenen Worten des Urtheils: „weil er Anlaß gegeben, daß man ihn in Verdacht gehabt habe." — Die Rache des Prinzen Friedrichs bestimmte das Urtheil des Obristen Falkenschiold; Regiment und Cammerherrnschlüssel wurden ihm abgenommen, und er ward nach Munkholm, einer, in dem nördlichen Theile Norwegens liegenden Festung, wo ihm nur ein halber Thaler des Tags gewähret wurde, auf Lebenslang verwiesen. Er war 27 Jahr alt, und hatte nichts verbrochen, als daß er ein Freund des Struensee gewesen war! Welches Schicksal — Welches Urtheil! — Der Deputirte Struensee, den man nach der Hinrichtung seines Bruders in Ketten und Banden gelassen hatte, muste seine Entlassung begehren, durfte alle seine Effekten und Papiere behalten, muste aber versprechen, daß er über die Revolution weder reden noch schreiben wollte.

Man beschäftigte sich nun mit den Veranstaltungen zur Abreise der Königin Mathilde. Anfänglich war die Stadt Aalborg in Jütland zu ihrem Aufenthalt bestimmt worden; sie selbst schien damals zu wünschen, in den dänischen Staaten bleiben zu können. Sie ließ aber diesen Wunsch bei den niederschlagen-

den

den Nachrichten, welche sie von dem traurigen Ende ihrer Anhänger vernahm, fahren. Ihr Bruder, der König von England, frug dem dänischen Hofe an, daß er ihr einen Aufenthalt in dem Churfürstenthum Hannover anweisen wollte; der Antrag wurde angenommen, man beschloß dabei, daß dieser Fürstin der Titul und die Vorzüge einer Königin bleiben sollten; die Mitgift von 250000 Thalern, wurde dem englischen Hofe zurückgegeben, und eine lebenslängliche Pension von 30000 Thalern für sie ausgeworfen. Zwo englische Fregatten von 32 Kanonen, und ein Kreuzer trafen den 27sten Mai zu Helsingör ein, und der 30ste war der Tag, wo die Königin von Cronenburg abreiste. Die letzten Augenblicke, welche diese empfindungsvolle Fürstin in Dännemark zubrachte, waren sehr schmerzhaft für sie. Nun muste sie sich von ihrem einzigen Troste, ihrem einzigen Gute, von ihrer geliebten Tochter trennen; nun muste sie dieses theu-

erste

erste Kind ihren Feinden überlassen — lang benetzte sie es mit heissen Thränen — lang drückte sie es an ihr Herz. — Sie will sich losreissen; aber ein Ruf — ein Wink, ein Lächeln der Tochter, sind eben so viele Fesseln, um die zärtliche Mutter zurück zu halten; sie ermannt sich endlich, nimmt die Geliebte noch einmal in ihre Arme; giebt ihr mit der marternden Innbrunst der gekränkten Liebe den letzten Kuß, scheint ihre ganze Seele darinn zu ergiessen, übergiebt sie ihrer Hofdame und ruft wehmüthig aus: „Fort — fort! — Nun habe ich nichts mehr hier!" — Ein königliches Boot führt die Monarchin zu der ersten Fregatte, worauf sie in Begleitung der andern Schiffe nach Stade seegeln, und von da die übrige Reise nach Zelle zu Lande machen sollte. Der englische Minister, Ritter Keith, der Herr von Holstein, Obristhofmeister der Königin, und seine Gemahlin hatten die Ehre, diese Fürstin auf ihrer Reise zu be-
glei-

gleiten. Der Wind verhinderte die Abreise den ganzen Tag, und man muste den Anker werfen; noch lange muste die Königin ein Land unter den Augen behalten, dessen Andenken die Quelle aller Schmerzen für sie geworden war. — Ein günstiger Wind erhob sich endlich den folgenden Tag, und die Fregatten seegelten nach Stade ab.

So endigte sich diese Revolution, eine der ausserordentlichsten Ereignisse, die die Geschichte unserm Andenken aufbewahrt hat. Die Fürstin, welche die erhabensten und theuersten Rechte, die Stand und Geburt geben können, dadurch verlor, war eines bessern Schicksals würdig. Die Wahrheit kann ihre Fehltritte nicht verläugnen, allein das Gefühl kann ihr auch nicht die grösten Rechte auf Nachsicht und Mitleiden absprechen. Gefühl und Umstände waren wider sie: mächtige Feinde für eine empfindungsvolle Seele, deren eigene Güte

sie

sie verführte! Nach dem ersten Fehltritte der Königin wurde ihr vortreflicher Charakter selbst die Quelle der Unordnung, in welche sie verfiel. Die verführerische Leidenschaft hatte ihr unerfahrnes Herz zu diesem ersten Fehltritte verleitet; sie betrat in der ersten Verblendung den Irrweg; sie war schon weit darauf gewandert, als sie ihn erkannte; sie erschrack bei dieser Entdeckung, sie wollte zurück; aber tausend Hindernisse stunden ihr im Wege: sie empfand in sich zu einem solchen Siege nicht Kräfte genug, die ersten Schritte waren neue Fälle, wodurch sie noch tiefer hinein gerieth; die innerliche Angst überwand sie; sie suchte nun nichts mehr, als diese zu lindern, als sich selbst über ihren Zustand zu zerstreuen und ergriff mit der ihrem Geiste eigenen Thätigkeit alles, was ihr dazu helfen konnte. Ihre Aufführung seit dem schreckbaren Tage, welcher diesen Schleier von ihren Augen riß, und sie für einige Augenblicke des Erwachens mit einer

ner langen Strafe überzog, ist ihre beste Vertheidigung bei empfindsamen und tugendhaften Seelen, bei welchen Verläumdung und ihr verderbliches Gift kraftlos sind.

Cronenburg sah an dieser Fürstin die aufrichtigste Reue, die mütterliche Liebe, das edelste Mitleiden für ihre unglückliche Freunde und die demüthigste Ergebung in die schmerzvolle Wendung ihres Schicksals: Zelle bewunderte und verehrte in ihr nachher die reinste Tugend, eine einnehmende Sanftmuth, das edelste Herz und eine Standhaftigkeit in ihrem Unglück, welche die letzten Augenblicke ihres Lebens verschönerte.

Der Staatsmann, der diese Revolution mit seinem Blute versiegelte, verdient auch bedauert zu werden. Struensee hatte Verstand, Eigenschaften und Kenntnisse, welche einen sehr glücklichen Einfluß auf das Wohl des dänischen Reichs haben konnten; dieses wäre unter seiner Verwaltung soweit emporgebracht worden, als seine eigene

eigene Beschaffenheit es damals erlaubte; allein die Feinde Struensee's untergruben seine ersten Unternehmungen, legten ihm Hindernisse in den Weg, die er anfangs übersah, nachher in der Trunkenheit des Glücks verachtete, und vor welchen er endlich in mehr verwickelten Umständen erzitterte. Sein Staatsgebäude muste, sonach wanken und einstürzen, und er muste unter den Trümmern derselben erliegen. Hätte er, während seiner ganzen Verwaltung, wie in den ersten Zeiten, diese starke und standhafte Seele gezeigt, die sich durch sich selbst über die Ereignisse erhebt, dem Schicksale selbst zu gebieten scheint, und sich dessen Ungefähr mit einer unerschütterlichen Ruhe überläßt; so hätten die erstaunten Dänen ihn mit stiller Bewunderung das Ruder des Staats lenken sehen, und vielleicht hätten ihm seine Handlungen Ruhm, Glanz, Beifall und Dank erworben, und sein Andenken bei der Nachkommenschaft verewigt.

Anmerkungen.

I.

Bei Lebzeiten König Friedrichs V. wurden manchmal Spazierfahrten auf der hinter dem Schlosse von Friedensburg liegenden See zur Belustigung der königl. Familie vorgenommen. Der jetzige König war auf einer dieser Fahrten unruhiger und muthwilliger als jemals: Bitten und Verweise konnten ihn nicht zur Ruhe bringen. Ein Kammerherr, Namens Brockdorf, der in seinen Handlungen etwas rauh und ungesittet war, drohte dem jungen Fürsten, ihn ins Wasser zu werfen, wenn er nicht ruhig seyn wollte, er ergriff ihn wirklich bei dem Arme, und war wirklich ungeschickt und unglücklich genug, ihn dermassen zu stossen, daß der junge Prinz auf einer Seite in die See fiel, doch sogleich gerettet wurde; er vergaß nie diesen Augenblick, und schrieb das ihm zugestoßene Unglück, einem Anschlage seiner Stiefmutter wider sein Leben zu, wodurch sie ihren Sohn, den Prinzen Friedrich, auf den Thron hätte erheben wollen. Dieser Verdacht ist mit ihm aufgewachsen, und Niemand ist jemals fähig gewesen, ihn davon abzubringen.

II.

Die rußischen Ministers Saldern und Philosophow waren bei dem dänischen Hofe in einem Ansehen, welches für die Person des Königs herabsetzend, jedem seiner Diener übertästig, und dem Staate sehr nachtheilig war. Sie hatten auf jede öffentliche Angelegenheit, auf jede Handlung des Monarchen, einen entscheidenden Einfluß. Ein so übermäßiges Ansehen wurde in den Händen dieser hochmüthigen und rücksichtlosen Männer täglich gefährlicher; sie sprachen endlich bei jeder Ereigniß, in einem überwältigenden Ton, welchem alles nach-

nachgeben muſte. Saldern war es, der den König wider das Anrathen ſeiner Miniſter, wider die Wünſche ſeines Volks, zu ſeiner Reiſe nach Frankreich und England vermochte. Wer den Lebenslauf dieſes Mannes kennt, muß ſich ſehr verwundern, daß er eine ſo glänzende Rolle am däniſchen Hofe geſpielt habe. Er ſtammt von einer bürgerlichen Familie aus Hollſtein ab, und war Amtsverwalter zu Tritau, als er wegen Betrug eingezogen warde, und das über ihn geſprochene Urtheil ihn um Ehre und Amt brachte. Er gieng nach Rußland, wurde in die Dienſte des dortigen Hofes genommen, und ohne Rückſicht auf die Art, womit er in Dännemark angeſehen werden muſte, in der Eigenſchaft eines rußiſchen Bothſchafters nach Copenhagen geſchickt. Das bei dieſem Hofe über alles geltende Anſehen des rußiſchen Hofes, und die Schwachheit des Königs, veranlaßten eine Reihe von Zufällen, welche dieſe ſeltene und achtungsloſe Handlung

lung eines Hofes gegen den andern, zwar vor den Augen der Politik, allein nicht vor den Regeln der Delikatesse rechtfertigen.

III.

Diese Dame behielt diese Stelle nur eine kurze Zeit. Sie hatte sich bald nach ihrer Ankunft mit der Frau von Pleß, der Obristhofmeisterin und einzigen Freundin der regierenden Königin, entzweit. Als diese vor der Abreise des Königs durch die Ränke des russischen Ministers ihre Stelle verlor, hatte die Königin die Frau von Berkenthien in Verdacht, daß sie auch zu dem Falle ihrer Freundin beigetragen hätte; dieses erbitterte diese Fürstin so sehr wider sie, daß sie in der Entlassung der Frau von Pleß nicht eher willigte, bis der König ihr versprochen hatte, daß die Berkenthien auch weggeschickt werden sollte.

IV.

Die Erwerbung des Conferenzrathstitels, war kein Fehltritt des Ehrgeizes von Seiten des Struensee. Dieser war seinen Absichten unentbehrlich, weil er den Vorzug dadurch erhielt, dem Könige auf dem Lande folgen, und an die königliche Tafel gezogen werden zu dürfen. Struensee war damals so bescheiden als vorsichtig, und hatte in Ansehung seiner Erhebung sehr weise Grundsätze; man könnte auch fast behaupten, daß diese Vorsicht von seinem Charakter herrührte, und daß die Fehltritte, welche er hernach darinn begieng, diesem weniger als den Umständen, worinn er sich befand, beizumessen sind. Die Art des Ehrgeitzes, welcher den Struensee antrieb, war zu groß, zu weit aussehend, um sich mit bloßen Titeln und unbedeutenden Vorzügen zu befriedigen; gleich vom Anfange seiner Laufbahn her, zielte er nach der höchsten Stufe, welche er erreichen konnte. Unzählige Hindernisse stunden ihm im Wege, diese muste er beseitigen, mächtige Nebenbuhler hatte er zu befürchten, diese muste er überwältigen. Der allge-

allgemeine Neid bereitete ihm den härtesten Kampf vor, in diesem muste er siegen. Er sah schon im Voraus, daß er sich diese Vortheile nie zueignen würde, wenn er selbige nicht immer durch ein überwiegendes Ansehen erzwänge und sich versicherte.

V.

Der Graf Ranzau war wider den rußischen Hof sehr erbittert; dieses rührte aus der Art, womit man ihm zu Petersburg, bei der Revolution vom Jahr 1762 begegnet war. Er wurde von der jetzigen rußischen Kaiserin zur Anzettlung einiger Ränke gebraucht, wodurch diese ausserordentliche Staatsbegebenheit vorbereitet wurde. Er arbeitete auch mit Orlow an einem Theile des Plans, welchen man befolgte. Seine Bemühungen wurden nach dem Erfolg mit Kaltsinn und Verachtung bezahlt, und er reisete unwillig von Petersburg ab. Er kam nach Dännemark, erwarb sich

die

die Freundschaft des Gräfen von Saint-Germain, der damals ein entscheidendes Ansehn in allen militärischen Angelegenheiten hatte, dieser half ihm zu einer Befehlshaberstelle über die norwegischen Truppen, als solche im Jahr 1766 dem Grafen von Schmettau genommen wurde. Er betrug sich darinn auf die unbedachtsamste Art, verlor sie schon in dem folgenden Jahre, und würde mit vielen andern in die Ungnade des Grafen Saint-Germain verwickelt; er hatte aber bei seiner Anwesenheit zu Petersburg und durch die Rolle die er dort gespielt hatte, die Gelegenheit gehabt, Geheimnisse zu erfahren, und Handlungen zu sehen, deren Kenntniß ihm vielen Anlaß geben konnte, den rußischen Hof von einer Seite kenntbar zu machen, welche er den Augen der Welt auf ewig zu entziehen wünschen muß. Dieses war auch die Ursache, daß die rußische Monarchin die Zurückberufung dieses ihr verdächtigen Mannes der regierenden Königin von Dännemark und ihrem Rathgeber Struensee nie verzeihen konnte.

VI.

Der Graf von Osten vertrat bei Lebzeiten der Kaiserin Elisabeth die Stelle eines dänischen Gesandten bei dem rußischen Hofe, zu gleicher Zeit, als der Graf von Poniatowsky, jetziger König in Pohlen, sich daselbst in der Eigenschaft eines pohlnischen Ministers aufhielt; und stund in einer genauen Freundschaft mit diesem Herrn, dessen vorzügliches Ansehen bei der damaligen Großfürstin ihm die Gnade dieser Prinzeßin erwarb. Die Umstände, welche sich zwischen ihr und dem Grafen Poniatowsky ergaben, verschaften dem Grafen von Osten mehrere Gelegenheiten, beiden wesentliche Dienste zu leisten, und sich also eine Dankbarkeit von Seiten der Großfürstin zu erwerben, welche ihm seinen Aufenthalt zu Petersburg sehr angenehm machte,

und

und die Quelle seiner Ergebenheit für den rußsischen Hof wurde.

VII.

Struensee bediente sich zur Entfernung des Adels von der Hauptstadt eines Mittels, wodurch er seinen Endzweck bald erreichte. Er erhielt eine Verordnung von dem Könige, vermöge welcher jeder Gläubiger seine unvermögende Schuldner konnte in Verhaft nehmen lassen. Man sahe bald die Vornehmsten des Adels ihre Palläste räumen, und sich auf ihre Landgüther begeben. Unter dieser Zahl war der Graf von Lauerwig, ein Mann, dessen Anwesenheit dem Struensee einige Unruhe verursachte, auf welchen das neue Gesetz besonders gerichtet wurde, und der schon vor dessen Verkündigung allein unter dem ganzen Adel den Befehl erhielt, sich nicht mehr nach Hofe zu begeben.

R 5 VIII.

VIII.

Man begehrte von der dänischen und deutschen Kanzlei ein genaues Verzeichniß der ihnen jährlich zufallenden Sporteln. Dieses wurde mit Verläugnerung des wahren Bestands derselben, der Einsicht des Hofes unterworfen. Es geschah von seiner Seite keine Einwendung dagegen, allein der Gehalt der in den Kanzleien anstößigen Staatsbedienten wurde nach diesen Angeben vermehrt und die Sporteln für die königliche Kasse eingezogen. Sie durften nicht klagen, ohne sich selbst blos zu geben, und mußten den Verlust geduldig tragen.

IX.

Dieses Corps, welches die 32 Männer genennet wird, und nach der Revolution in seine vorige Rechte und Verrichtungen wieder eintrat, besteht aus 32 der ansehnlichsten Bürger von Copenhagen, und ist berechtiget, bei

Abgang eines Gliedes ein neues durch die Mehrheit der Stimmen zu wählen. Es erwäget die Handlungen, Befehle und Verordnungen des Stadtraths, nicht minder den Zustand der gemeinen Einkünfte und Ausgaben zum Besten der Stadt und der Bürgerschaft, und hat das Recht, sich gegen alles zu setzen, was ihm mit derselben Vorzügen und Freiheiten zu streiten scheint. Diese Privilegien waren von dem Könige Friedrich dem III. der Bürgerschaft von Copenhagen, in Ansehung der von ihr im Jahr 1660 bei der Belagerung der Stadt und Einführung der Souveränität bezeigten Tapferkeit und Treue, den 24sten des Brachmonats 1664 feierlich gegeben, und von seinen Nachfolgern nie eingeschränkt oder vermindert worden.

X.

Diese Einstellung war zwar eine Ersparnis der Unkosten, welche die Stuttereien er-

for-

forderten, allein sie vertilgte beinahe diese durch ihre Schönheit und Güte. Dieser Augenblick war der erste, wo Struensee die Schwachheit seines Charakters verrieth. Er begegnete dieser Leibwache, als sie von dem Platze, wo sie abgedankt worden, in schöner Ordnung nach ihrem Quartier ritt, und den Grafen Carl von Ahlefeld an ihrer Spitze hatte. Er glaubte, daß sie sich empörte, eilte nach Hofe, und hatte keine Ruhe, bis dem Grafen ein förmlicher Abschied zugeschickt und die nöthige Vorkehrung getroffen wurde, damit die Garden, die lauter Norweger waren, nach ihrem Vaterlande ohne Verzug zurückgeschickt wurden.

XI.

Dieser war ein gewisser Biernschiold, ein höchst verächtlicher Mensch, der wegen gewisser schmuziger Angelegenheiten, worinn er verwickelt war, die Erlaubniß, nach der Hauptstadt zu kommen, erhalten hatte. — Der Graf Ranzau, der viele dergleichen Bekanntschaften hat-

hatte, warf die Augen auf ihn, um ihn zu
der Verschwörung zu brauchen. Er leistete
auch die Dienste in deren Ausführung, welche man von einem so niedrigen Menschen erwarten konnte. Er half den Grafen von Brandt
in Verhaft nehmen, er hetzte das Volk auf,
er ergoß unter dessen Schaaren Lästerungen wider die regierende Königin, Schmähungen wider den Struensee, er ließ die Namen Juliana und Friedrich eifrig ertönen und erfüllte
die grossen Erwartungen des Grafen Ranzau. — Dieser hatte ihm sogar den ganzen
Plan der Verschwörung anvertraut; allein
Biernschiold hatte sich so unvorsichtig betragen,
daß Gerüchte davon bis zum Grafen Brandt
kamen, und alles beinahe verrathen worden
wäre. Den Tag nach der Revolution, da man
die Belohnungen unter den Verschwornen austheilte, wurde Biernschiold nicht vergessen,
und mit dem Kammerherrnschlüssel begnadiget.
Man merkte in ruhigern Zeiten den Abstand

zwi-

zwischen diesem Vorzuge und ihm, und da man ihn ohnedies nicht mehr brauchte, wurde ihm der Schlüssel abgenommen, und der Rath ertheilt, sich aus dem Lande zu begeben.

XII.

Es war dem Grafen Ranzau nicht wohl zu Muthe, als man zur Ausführung der Verschwörung wirklich kommen sollte. Seine Entschlossenheit, womit er sonst so laut prahlte, verließ ihn gänzlich, er stellte sich krank, und ließ den Obristen Köller, der ihn ungeduldig erwartete, sagen, daß ein Anfall von Podagra ihn verhindere, nach Hofe zu kommen. Köller nahm die kleinmüthige Ausrede des Ranzau nicht an, und ließ ihm antworten, daß er sich sollte tragen lassen, wenn er nicht gehen könnte, mit dem derben Zusatze: daß er ihn durch ein Commando von Grenadiers würde abholen lassen, wenn er nicht bald erschiene. — Ranzau sah in dem Zorn des Obristen Gefahr

für

für sich, und da er gewohnt war, dieser zu entweichen, so fand er bald die nöthigen Kräfte, um sich nach dem Sammelplatze der Verschwornen zu begeben.

XIII.

Man hörte auf einmal einen Lerm in den obern Logen; er nahm immer zu, und wurde durch diejenigen vermehrt, welche die Ruhe wieder herstellen wollten. Der Schrecken folgt dem Getöse, man will die Ursache davon erfahren, jeder fragt, jeder bekömmt eine andere Antwort, die Unruhe verbreitet sich immer mehr, alles, sogar die königliche Familie geräth in die gröste Furcht; schon drängt sich die Menge der Zuschauer an allen Ausgängen, schon herrscht die Unordnung in allen Logen; der Adel, das Militär fliehen von allen Seiten; der König läuft mit wilden Blicken aus seiner Loge, der Prinz Friedrich läuft ihm zitternd nach; die Königin will sie aufhalten, umsonst

sie

sie selbst kömmt bald vor Angst ausser sich. Ohnmächtige liegen in allen Ecken, ein Kammerjunker, eine Frau aus dem Hause des Herrn von Schimmelmann sterben vor Schrecken, das Gerücht dieses wundersamen Auftritts ist schon in der ganzen Stadt, als man bei einigen ruhigen Augenblicken den Anlaß des ganzen Getöses vernimmt. — — — Ein Kind hatte einige Zuschauer durch sein Geschrei gestört, und diese waren mit seiner Aufwärterin in Zank gerathen.

XIV.

Diese Vorkehrung dauerte so lange, als der Vortheil derjenigen, die selbige veranlaßt hatten, es erforderte. Vier oder fünf Monate nach deren Verkündigung sah man schon geheime Cabinetsbefehle, welche nur mit der Unterschrift des Königs versehen waren, und doch befolgt werden mußten. Es wäre der verwittweten Königin und dem Prinzen Friedrich nicht

immer

immer gelegen gewesen, daß jeder Befehl der Einsicht des Staatsraths unterworfen würde. — Die Unterschrift des Königs kostete höchstens, eine Drohung. Diese Cabinetsbefehle sind nachher sehr häufig geworden.

XV.

Der Obrist Falkenschiold hatte als Volontär bei der rußischen Armee gedient: darauf zielte die bittere Spötterei des Prinzen Friedrich. Die Ursache seines Zorns wider diesen Offizier, und die Rache, welche er hier übte, sind ein vollkommenes Bild seines Charakters. Lange vor der Revolution ritt der Prinz an einem Nachmittage auf dem Wall der Hauptstadt, wo der Herr von Falkenschiold die Musik und die Tambours des Regiments, welches er commandirte, üben ließ. Einer, der den Prinzen von

weiten kommen sah, meldete es dem Officier;
dieser nahm es übel auf, gab dem Manne einen Verweis, und ließ die Musik fortspielen.
Der Prinz, der sehr furchtsam ist, schickte einen Edelknaben voraus, um von dem Officier
zu begehren, daß er die Mannschaft zurückziehen liesse, weil er seinem Pferde nicht wohl
traute. Dieser ließ die Mannschaft, zwar etwas langsam auf dem nächsten Bastion auf-
marschiren, und der Prinz ritt ruhig vorbei.
Nach der Revolution hinterbrachte ein anderer
Officier, der dem Falkenschiold abgeneigt war,
dem Prinzen Friedrich diesen unbedeutenden
Fall, und legte diesen aus, als wenn Falkenschiold sich gröblich gegen ihn vergangen hätte.
Der Prinz nahm eine so niederträchtige Anklage sehr willig an, und rächte sich auf besag-
te Art. Sein Herz, welchem das süsse Vergnügen

gnügen zu verzeihen unbekannt ist, behielt dennoch einen Groll wider den unglücklichen Officier, und dieser empfand noch mehr seine Rache, da sein Schicksal entschieden wurde.

XVI.

Der Kronprinz wurde nur mit Hülsenfrüchten ernährt. Wasser war sein einziges Getränk. Anfänglich muste er sich 2 bis 3mal in der Woche in kaltem Wasser baden, ward bald daran gewöhnt, und that es endlich alle Tage. Sein Zimmer wurde nicht geheitzt. Seine Kleidung war von einem leichten Zeuge, nach Art der Matrosen gemacht, die Füsse blieben meistentheils blos. Man wandte bei ihm alle Arten von kleinen Uebungen an, welche sein Alter ertrug, und die seine Kräfte vermehren konnten. Was er weinend oder trotzend begehrte,

wurde ihm, jedoch ohne Verweiß, abgeschlagen, hielt er um etwas mit der lachenden Miene eines guten und muntern Gemüths an, so
wurde es ihm gleich gegeben. Strafen, Drohungen, Vorwürfe und Liebkosungen wurden
bei ihm nie gebraucht; wenn er sich in etwas
vergieng, so zeigte man ihm seine Fehler, und
was er hätte thun sollen; man sagte ihm, daß
das Fehlen etwas schändliches wäre, und ließ
die Empfindung der Schaam und den Willen
der Besserung von selbst in ihm aufkommen.
Wann er fiel, so zeigte man weder Besorgnis
noch Mitleiden. Ein kleiner Findling von gleichem Alter war sein Spielgesell, und wurde
in allem mit dem Prinzen gleich gehalten. Einer half dem andern beim Anziehn und zu Tische; sie durften alles anstellen, was sie wol-
ten, man ließ ihnen nichts unter Händen, womit

mit sie sich schaden könnten. Entstund ein kleiner Zwist unter ihnen, so durfte kein Mitlet sie vergleichen, die Nothwendigkeit einer Gesellschaft muste den Schuldigen zu dem Beleidigten zurückführen, und ihre Versöhnung von freiwilliger herzlicher Empfindung allein herrühren. Nur ein Bedienter blieb immer bei ihnen, um sie zu bewachen, keiner durfte unnöthig mit ihnen reden, vielweniger sie mit albernen Mährchen unterhalten, jedem war es verboten, mit ihnen zu spielen, und einem der Kinder den mindesten Vorzug zu gönnen, beide wurden nach ihren Taufnamen genannt und gerufen. Die Fremden, die sie sehen wollten, wurden ersucht, das Nämliche zu beobachten. Diese wurden oft zu ihnen geführt, der kleine Prinz gewöhnte sich bald daran, sie hinderten ihn nicht mehr in seinen Spielen, er schlug herzhaft vor ihnen seine kleine Trommel, lief freundlich zu jedem, und war nie so munter, als wenn zahlreiche Zuschauer ihn umgaben. Das sechste Jahr war zum Anfange des Unterrichts bestimmt worden, bis zu dieser Zeit mußten Uebung und die Erfahrung allein den Prinzen lehren. Von ihnen muste er seine Gedanken entlehnen, und so ließ man seine natürliche Gaben sich allmählig bilden und vervollkommen. — Nun vergleiche man den Plan dieser Erziehung mit den Ausdrükken des Endurtheils über diesen Punkt, worinn gesagt wird: „daß der Kronprinz dadurch oft in die äusserste Gefahr gesetzt worden, Gesundheit und Leben zu verlieren."

XVII.

XVII.

Die folgende Nachricht kann zu einem Beweise dieser Bemühungen dienen: Den nämlichen Tag, als der rußische Minister Philosophow, erwähntermassen, den Struensee öffentlich und aufs äusserste beleidigte, verbreitete sich das Gerücht: daß der Letztere sich mit einem jungen Cavalier aus einer der vornehmsten Familien des Landes verfeindet und ihn auf eine verrätherische Art mit dem Degen in der Hand verfolgt hätte; allein diese Nachricht wurde so bald vergessen, als verbreitet. Nach der Verhaftnehmung des Struensee und in der Verlegenheit, worinn man war, das wider ihn schon beschlossene Todesurtheil auf würkliche strafbare Thaten zu gründen, kam der Vornehmste seiner Richter, der Justitiarius, Freiherr von Juel Wind, zu diesem Cavalier

valier und fragte ihn: ob er in Betracht dieses Gerüchts keine Anklage wider den Grafen Struensee vor der Commißion erheben wollte? Der Edelmuth des Befragten warf einen solchen Antrag weit von sich, er antwortete: daß er gewohnt wäre, die Unglücklichen zu bedauern, und nicht ihre Drangsale zu häufen, sich über diese Frage in nichts einlassen, und den Grafen nie anklagen würde; daß übrigens dieses Gerücht keinen Glauben verdiene, und nichts an der ganzen Sache wäre.

XVIII.

Hier ist der Schluß des Endurtheils über den Grafen Struensee, welchem jenes über den Graf Brandt gleich lautete:

Es wird für Recht erkannt, daß
der

der Graf Johann Friedrich Struensee, sich selbst zu wohlverdienter Strafe und andern Gleichgesinnten zum Beispiel und Abscheu, Ehre, Leib und Guth verbrochen habe, seiner Gräflichen und allen andern ihm verliehenen Würden entsetzt seyn, und sein gräfliches Wappen vom Scharfrichter zerbrochen, sodann Johann Friedrich Struensee's rechte Hand und darauf sein Kopf ihm lebendig abgehauen, sein Körper gebiertheilt und aufs Rad gelegt, der Kopf mit der Hand auf einen Pfahl gesteckt werden soll.

In

In der Commißion auf dem Schloße Christiansburg, den 25sten April, 1772.

J. R. Juel Wind.   G. A. Baern.
H. Stampe.   Luxdorf.   A. G. Carstens.
Amher J. C. Schmid.   F. C. Guldberg.

www.ingramcontent.com/pod-product-compliance
Lightning Source LLC
Chambersburg PA
CBHW032108230426
43672CB00009B/1676